»Welcome to wonderful Copenhagen« Doxi

leuchtet es dem Ankommenden am Flughafen entgegen. Nach ein paar Tagen Aufenthalt weiß man, dass dieser Satz weit mehr ist als ein Slogan der Kopenhagener Stadtmarketinger, sondern das Lebensgefühl der Einwohner wiedergibt: Sie mögen ihr Kopenhagen, finden es *wonderful* (was sie auch jedem sagen) und leben gerne dort – auch wenn die Stadt inzwischen nicht mehr so *hygge* ist, wie sie vielleicht einmal war.

Kopenhagen: 530.000 Einwohner, also in etwa so viel wie Bremen, 89 Quadratkilometer groß, also kleiner als Graz, größer als Basel – aber Hauptstadt. Hauptstadt eines Landes, das einst Zentrum des Zusammenschlusses der Königreiche Dänemark, Schweden und Norwegen war, politisch treibende Kraft in Skandinavien, dessen Machtbereich noch bis 1864 Altona vor den damaligen Toren Hamburgs umfasste. Und das, von den Stürmen der Geschichte gebeutelt, heute eher ein beschauliches Dasein an einem der europäischen Ränder führt. Könnte man meinen.

Von dem, was dieses Lebensgefühl von Gemütlichkeit zwischen Gestern und Heute ausmacht, welche Rolle eine kettenrauchende Königin spielt, der Tivoli, Mode und Design, Grönland und der Jazz, Tania Blixen und der *Pølser,* was der Freistaat Christiania und seine Träume auch nach vierzig Jahren für die Stadt bedeuten, darum – und um vieles andere – geht es in diesem sechsten CORSO*folio* ebenso wie um die dunklen Seiten Kopenhagens. Die gibt es nämlich auch.

Dank an den Gastgeber Ulrich Sonnenberg, der einst nach Kopenhagen kam, sich dort verliebte, lange blieb – und von der Stadt so wenig lassen kann wie von H. C. Andersen.

Willkommen also in dieser Stadt an der Ostsee – *willkommen woanders.*

Herzlich
Ihr Rainer Groothuis

wünschen deine schwiegertöchter

DER HAFEN DER KAUFLEUTE
Gastgeber **Ulrich Sonnenberg** über das Gestern, Heute und Morgen der Stadt am Øresund 4

GRUPPENSEX UNTER ROTEN FAHNEN
Erling Jepsen flüchtet aus Südjütland und verpasst beides, die Frauen und die Revolution 18

DIE UTOPIE IN DER KASERNE
Zwischen Legalität und Anarchie: **Ulrich Sonnenschein** begeht den 40. Jahrestag des Freistaates Christiania 24

JOHN TCHICAI,
Komponist und Saxophonist, über den Sound am Sund 32

OUT OF KOPENHAGEN
Elsemarie Maletzke folgt den Spuren Tania Blixens nach Nairobi und zurück 38

GRÜNER WIRD ES NICHT
Karin Ceballos Betancur unternimmt in der Øko-Metropole einen CO_2-Verbrauchs-Selbstversuch und endet bei 4,5% 45

DER EISBÄR
Am Rande des Klimagipfels: **Jan Christophersen** hadert mit der Liebe und dem Leben 50

HERINGSTOPF UND SCHWEINEBACKE
Helga Othenin-Girard kuckt in dänische Töpfe 56

ZWEI GENIES AN ÜBERSCHAUBAREM ORT
H. C. Andersen und Søren Kierkegaard treffen sich im »Goldenen Zeitalter« – und auch wieder nicht. Eine Betrachtung von **Joakim Garff** 60

DAS GEDICHT
Tove Ditlevsen träumt 68

EINE STADT OHNE ANGST
Von den dunklen Seiten Kopenhagens erzählt **Elmar Jung** 70

DER HOF, SEIN STAAT
Große Geschichten, kleine Krisen: **Friederike Haedecke** über den Reiz, ein Royal zu sein 76

»ALLES IST TAVERNE, VERGNÜGUNGSLOKAL«
Der *Bilderbogen*: Mit **Helmer Lund-Hansen** unterwegs in der Alltagskultur 82

IM EISBERG
Grönland – Schatzinsel zwischen Traum und Realität. Eine Bestandsaufnahme von **Matthias Hannemann** 96

EINE SCHÖNE DÄNIN
wünscht sich **Kurt Tucholsky** herbei 102

SO TUN, ALS OB
Rainer Moritz über das Schöne, das überstanden werden muss 106

DIE MODE DER MITTE
Fish, Fashion, Fahrräder: **Anouk Jans** besucht die Copenhagen Fashion Week 112

DIE LUST AM ABENTEUER
Leben zwischen Aufbruch und Ankommen: **Helga Othenin-Girard** porträtiert Lena Gammelgaard 116

SKOL, EGON!
Tuborg sei Dank: **Clemens Meyer** trifft die Geister, die er rief – und vergnügt sich mit der Olsenbande 122

»HART ARBEITEND, ABER GLÜCKLICH.«
12 Sätze beendet von … **Allan Larsen**, Portier im Tivoli 128

DAS JOURNAL
Spaziergänge durch Kopenhagen: Ein *literarisches Kaleidoskop* u. a. mit H. C. Andersen, Herman Bang, Heinrich Böll, Bertolt Brecht, Per Olov Enquist, Julien Green, Hans Henny Jahnn, Rosa Luxemburg, Joachim Ringelnatz, Saxo Grammaticus 129

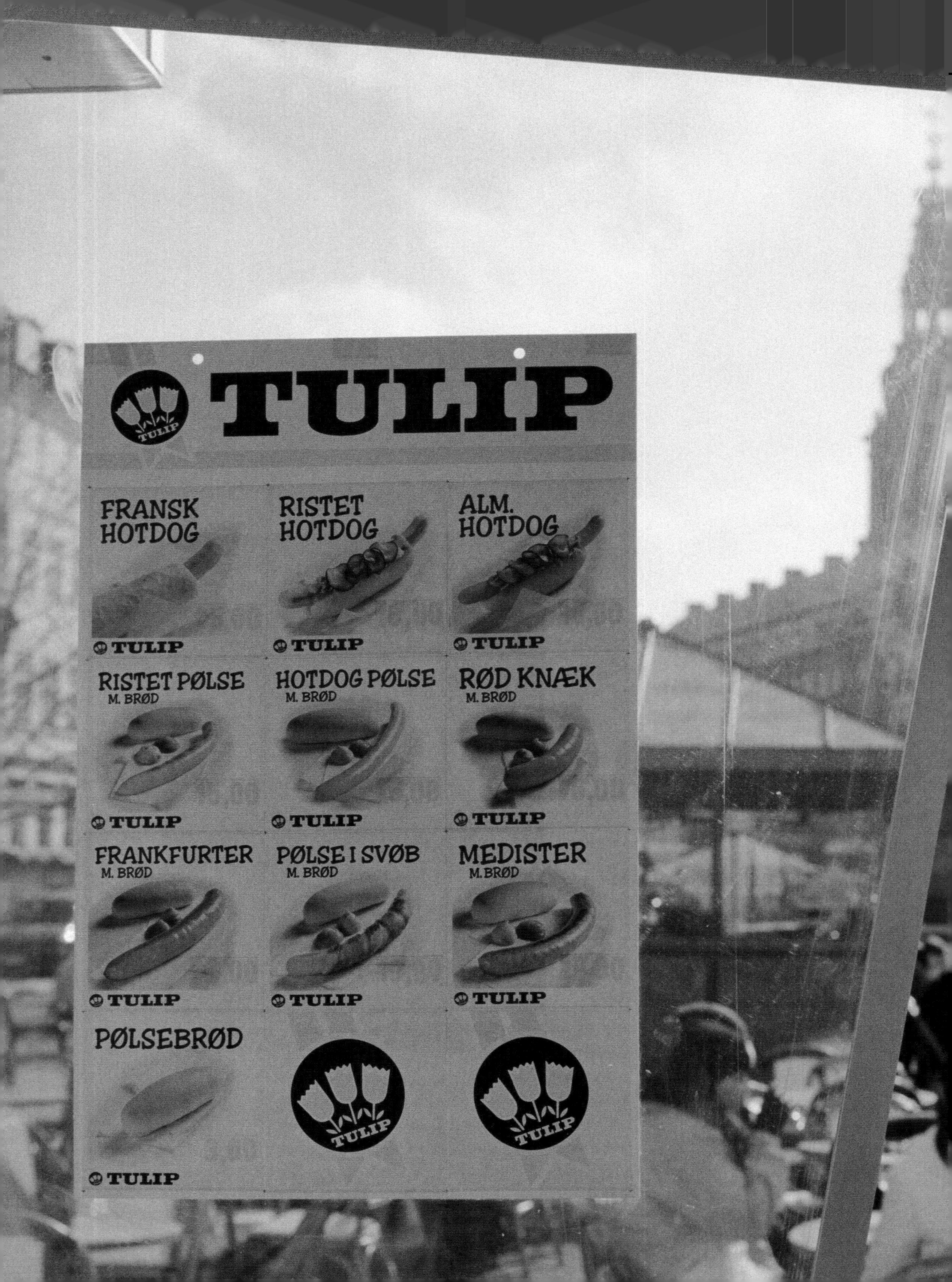
TULIP
TULIP
FRANSK HOTDOG
TULIP
RISTET HOTDOG
TULIP
ALM. HOTDOG
TULIP
RISTET PØLSE
M. BRØD
TULIP
HOTDOG PØLSE
M. BRØD
TULIP
RØD KNÆK
M. BRØD
TULIP
FRANKFURTER
M. BRØD
TULIP
PØLSE I SVØB
M. BRØD
TULIP
MEDISTER
M. BRØD
TULIP
PØLSEBRØD
TULIP
TULIP
TULIP

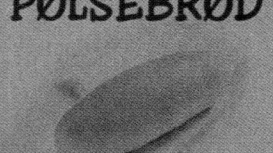

Der Hafen der Kaufleute

Gastgeber ULRICH SONNENBERG *über das Gestern, Heute und Morgen der Stadt am Øresund*

Fotografien: RAINER GROOTHUIS

Nach Kopenhagen reisen? Warum eigentlich? Weder gibt's dort eine Akropolis noch ein Forum Romanum, weder eine Peterskirche noch eine Hagia Sophia. Nicht mal einen Stephansdom. Geschweige denn einen Eiffelturm. Außerdem sprechen die Dänen so eigenartig, im Herbst wird es recht früh dunkel, der Wind bläst, und regnerisch kalt ist es auch oft genug. Gibt es da tatsächlich mehr zu erleben als Smørrebrød, Tivoli und die kleine Meerjungfrau?

Ristet løg und Spätbarock

Donnerstagnachmittag, ich hatte frei. Ich verließ den Keller an der Vester Voldgade, in dem die deutsche Buchhandlung Tysk Bogimport ihr Domizil hatte, und schlenderte zum Nytorv. An der fahrbaren Würstchenbude Ecke Nytorv/Frederiksberggade aß ich zu Mittag: einen Hot Dog *med det hele*. Mit allem. Im Grunde erübrigte sich bei meiner Bestellung die obligatorische Frage des Würstchenmannes nach *rå eller ristet løg,* rohen oder gerösteten Zwiebeln. Dennoch wurde die Frage jedes Mal wieder gestellt. Wie eine Beschwörungsformel. Schließlich bekam ich *en hotdog med det hele*: ein knallrotes Würstchen in einem weichen Brötchen, überzogen von Senf, Ketchup und Remoulade, bestreut mit süßen Gurkenscheiben, rohen und gerösteten Zwiebeln. Nun galt es – beziehungsweise gilt es noch immer – das Ganze mit Hilfe einer Papierserviette so elegant auszubalancieren, dass keine Senf-, Ketchup- oder Remouladenflecken auf Hemd oder Pullover zurückblieben. Derweil spritzte auf dem Gammeltorv die schwangere Brunnenfigur des Caritas-Brunnens frivol und munter das Wasser aus ihren Brustwarzen, darunter arbeitete sich ein bärtiger Straßenmusiker am unvermeidlichen *Blowin in the wind* ab, und im Touristenfang versuchten sich all die Läden mit ihren Meerjungfrauen als Briefbeschwerern, Wikingerhelmen und anderen Wonderful-Copenhagen-Devotionalien, die auf diesem Abschnitt der Fußgängerzone Strøget schon damals die supermarktgroßen Pornoshops abgelöst hatten.

Über dreißig Jahre ist das her. Meist folgten die nachmittäglichen Spaziergänge einer festen Route. Die begann mit einem Streifzug durch die Antiquariate der Fiolstræde. Ende der siebziger Jahre ließ sich mit etwas Glück und für relativ wenig Geld noch die eine oder andere Erstausgabe deutscher Exilautoren finden.

Der Milchkaffee im Café Sommersko – der Mutter all der schablonenhaft schicken Café-Bar-Restaurants, die inzwischen an beinahe jeder Straßenecke lauern – war Pflicht.

 Ich ließ mich treiben. Durch den alten Stadtkern, die sogenannte Mittelalterstadt, deren Charakter davon geprägt ist, dass die Begrenzungen und Zwänge der bis zu zehn Meter hohen Stadtwälle erst Mitte des 19. Jahrhunderts abgetragen wurden. Andere europäische Städte waren zu dieser Zeit längst über ihre ursprünglich engen Stadtgrenzen hinausgewachsen. An Nachmittagen mit schönem Wetter füllte sich der Gråbrødretorv mit Kopenhagenern, die unter der großen Platane ihr mitgebrachtes Bier tranken. Auch heute noch eine autofreie Oase mitten in der Stadt. Das Gammelstrand-Quartier, in dem die ersten Hütten und Häuser des mittelalterlichen Fleckens standen, aus dem im Jahr 1168 »Köpmannæhafn«, der *Hafen der Kaufleute*, werden sollte. Und trotz zweier verheerender Stadtbrände präsentiert sich hier in den Gassen um die Magstræde noch

In den Gassen

immer das Kopenhagen des Spätbarock. Das Lateinerviertel in der Nähe der alten Universität, in dem sich mitten in der Stadt eine alternative Szene aus Kellerläden, Second-Hand-Shops und Kneipen entwickelt hat. Die alten Segelschiffe im Kanal von Nyhavn – eigentlich eine längst verschwundene Hafenromantik, doch immerhin gibt es noch einen Tätowierer. Das Kanalgewirr an den alten Speicherhäusern von Christianshavn. Der Königliche Garten, der Botanische Garten, die Schlossinsel mit Christiansborg und Börse, Kongens Nytorv und die Østergade.

Eine überschaubare Welt auf wenigen Quadratkilometern. Wir können uns von Hans Christian Andersen, von Søren Kierkegaard oder Herman Bang bei der Hand nehmen lassen. Alle drei sind exzellente Stadt- und Reiseführer.

Die Decke des Botanischen Gartens

Dreißig Jahre später klingt es nostalgisch und verklärend – und eigentlich müsste ich für den nächsten Satz mindestens fünf Euro in die Phrasenkasse einzahlen: Aber ich erlebte in dieser Stadt am Øresund eine Atmosphäre, die ich aus dem Deutschland der späten siebziger Jahre nicht kannte: einen sympathischen, fast provinziellen Charme, der sich doch mit freundlicher Weltläufigkeit, Individualismus und einer unaufgeregten Toleranz verband. Heute würde man wohl sagen: mit *Lebenskunst*.

Natürlich weiß ich, dass diese beliebte und weitverbreitete Sicht auf unsere Nachbarn im Norden jedwede politische und soziale Realität ignoriert. Zumal die Nachrichten der letzten Jahre über den konsequenten Rückbau des sozialdemokratischen Wohlfahrtsstaats und eine zunehmend rigidere Einwanderungspolitik

bedrückend sind. Trotzdem stellt sich, kaum habe ich die Stadt betreten, ein Gefühl der »Entschleunigung« ein – um einen modischen Begriff zu verwenden.

Fahrräder und Zinnsoldaten

Liegt es an dem für eine europäische Großstadt vergleichsweise geringen Aufkommen an Individualverkehr? Weil ohnehin so gut wie alles Wesentliche zu Fuß, mit dem Rad oder den öffentlichen Verkehrsmitteln erreicht werden kann? Oder an der auffälligen Menge an Fahrrädern? »Es soll Kopenhagener geben«, so spekulierte Kurt Tucholsky vor achtzig Jahren, »die keines besitzen, aber das glaube ich nicht. Wenn die Kinder anderswo zur Welt kommen, schreien sie – in Kopenhagen klingeln sie auf einer Fahrradklingel.« Selbst die führerlose Metro, die im rasanten Dreiminutentakt verkehrt, hat in ihrer Zuverlässigkeit noch etwas Beruhigend-Kontemplatives.

Oder liegt es eher daran, dass dieser Stadt das Monumentale, das Pompöse, das Martialische fehlt? Natürlich gibt es prächtige Schlösser, Palais, Reiterstatuen, Kirchen und weite Plätze, und doch mangelt es im Gegensatz zu manch anderer Metropole am Imperialen. Nicht einmal achthundertfünfzig Jahre sind seit Gründung des »portus mercatorum« vergangen. Die Last einer vieltausendjährigen Geschichte hat sich nicht erst aufgetürmt, und so ist die Stadt im eigentlichen Sinne des Wortes *überschaubar* geblieben. Über die kupfernen Turmspitzen Kopenhagens erhebt sich allenfalls der Mast des größten Kettenkarussells der Welt. Im Tivoli. Und wenn um zwölf Uhr mittags die Königliche Garde quer durch die Stadt marschiert, um vor Schloss Amalienborg die Wachablösung zu vollziehen, dann droht das Erhabene wie so oft und überall ins Lächerliche abzukippen, und der Betrachter fühlt sich unwillkürlich an Hans Christian Andersen erinnert: »Das Gewehr hielten sie im Arm und das Gesicht geradeaus, und herrlich rot und blau war ihre Uniform. Das allererste, was sie in dieser Welt hörten, als der Deckel von dem Kasten genommen wurde, worin sie lagen, war das Wort: ›Zinnsoldaten!‹«

Mag sein, dass Theodor Fontanes norddeutsch-strenge Gräfin Christine Holk recht hat, wenn sie in *Unwiederbringlich* erklärt: »Alles in Kopenhagen ist Taverne, Vergnügungslokal.« Für Frau Gräfin ist der Fall eindeutig: »Lauter Lebe-

Karussel im Tivoli

leute« sind es, denen »die Zuchtrute gefehlt hat, und das gibt ihnen nun diesen Ton und diesen Hang zum Vergnügen …«.

Allerdings macht es sich Frau Gräfin mit ihrer Analyse ein wenig leicht. Denn vielleicht ist ja gerade das Gegenteil der Fall. Möglicherweise hat sich diese von uns als so angenehm und sympathisch empfundene Atmosphäre überhaupt erst entwickeln können, weil Kopenhagen die Zuchtrute der Geschichte recht heftig zu spüren bekommen hat. Immerhin vertrat die dänische Hauptstadt gegen Ende des 18. Jahrhunderts noch eine europäische Großmacht, deren Herrschaftsgebiet sich von Grönland über Norwegen bis Altona erstreckte. Nur einhundert Jahre später war das Land ein Kleinstaat, der im europäischen Zusammenhang kaum mehr eine Rolle spielte. Die Niederlage im April 1864 gegen die preußischösterreichische Armee an den Düppeler Schanzen hatte nicht nur zum Verlust der Herzogtümer Schleswig und Holstein, sondern auch zu einer nationalen Depression geführt. Bereits fünfzig Jahre zuvor hatte der Wiener Kongress entschieden, dass Norwegen an Schweden abgetreten werden musste.

Für Großmachtfantasien blieb da kaum noch Spielraum. Eher für Zerstreuungen und Unterhaltungen aller Art. Der angebliche »Hang zum Vergnügen« also eine sinnvolle Kompensation? Man könnte es den Kopenhagenern nicht verden-

ken. Tivoli, der weltweit älteste innerstädtische Vergnügungspark überhaupt, hatte bereits 1843 seine illuminierten Gebäude und einen Konzertsaal im türkischen Stil eröffnet, »um der Menge passende Zerstreuung zu verschaffen«. Wenige Jahrzehnte später kam es zu der bemerkenswerten Allianz zwischen Bier und bildender Kunst. Carl Jacobsen, kunstsinniger Erbe der Carlsberg-Brauerei, stiftete mit der Ny Carlsberg Glyptotek nicht nur eines der bedeutendsten Kunstmuseen der Stadt, sondern beauftragte auch jene Skulptur einer fischschwänzigen jungen Frau, die zum eigentlichen Wahrzeichen der Stadt geworden ist.

Natürlich verändert sich das Stadtbild. Darin unterscheidet Kopenhagen sich nicht von anderen Städten. Alteingesessene Geschäfte weichen Café-Bars und Systemgastronomie, die Schaufenster der Innenstadt werden uniformer. Doch zum Glück gibt es kleine Widerstandsnester. Wie den *pølsemand* am Fuß des Runden Turms, der an seinem Würstchenwagen keine quietschroten Würstchen mehr anbietet, sondern, ganz zeitgemäß, ökologisch-organisches Fast Food. Wie die vielen kleinen Kellerantiquariate, die in den Seitenstraßen noch immer zu finden sind. Oder Bollwerke. Wie »Hviids Vinstue« am Kongens Nytorv, 1723 eröffnet, das älteste Wirtshaus der Stadt. Noch tragen die Kellner in dem verwinkelten Kellerlokal mit den tabakbraunen Wänden ihre schwarzen *tjener*-Westen, wenn sie mit großer Geste und Eleganz das Glas Bier oder Wein vor den Gast stellen. Und nach wie vor kann man dazu drei ordentlich belegte *smørrebrød* bestellen.

Nach Kopenhagen reisen? Warum nicht? Diese Stadt, so der hellsichtige Tucholsky, »die ist *noch*, und die ist *schon*. Kopenhagen ist *Gestern*, *Heute* und *Morgen*«. ℅

Denkmal des Kopenhagener Stadtgründers Absalon am Højbro Plads, dahinter der Turm der Nikolaj-Kirche

ULRICH SONNENBERG, Jahrgang 1955, arbeitete nach seiner Buchhändlerlehre in der deutschen Buchhandlung Tysk Bogimport in Kopenhagen. Nach zwei Jahrzehnten als Verkaufsleiter der Frankfurter Verlagsanstalt und der Verlage Suhrkamp und Insel arbeitet er seit Anfang 2004 als Übersetzer und Herausgeber in Frankfurt am Main. Er übersetzte u. a. Werke von Hans Christian Andersen, Herman Bang, Carsten Jensen, Erling Jepsen, Morten Ramsland und Knud Romer, bei Schöffling & Co. erschien sein literarischer Reiseführer *Hans Christian Andersens Kopenhagen*.

Gruppensex unter roten Fahnen

ERLING JEPSEN *flüchtet aus Südjütland, verpasst die Revolution – und wird doch kein richtiger Kopenhagener*

Mein Leben als Kopenhagener begann am Montag, dem 7. August 1972. Ich weiß es deshalb so genau, weil dieser Tag mein erster Schultag auf dem Gymnasium von Haderslev war. Sicher, Haderslev liegt in Südjütland und ist dreihundert Kilometer von Kopenhagen entfernt, aber von der Kleinstadt Gram aus, in der ich geboren wurde, sind es dreihundertfünfunddreißig Kilometer bis Kopenhagen. Und wenn man zum ersten Mal von zu Hause fortkommt, sind fünfunddreißig Kilometer von entscheidender Bedeutung. Ich war sechzehn Jahre alt und ungeduldig, ich hatte eine überbordende Phantasie und wusste genau, dass ich eines Tages nach Kopenhagen ziehen würde. Obwohl ich noch nie dort gewesen war, kannte ich die Stadt aus dem Fernsehen, und sie gefiel mir wirklich gut. Als ich den Schulhof des Gymnasiums von Haderslev betrat, dachte ich, nun wäre es an der Zeit, den südjütländischen Akzent abzulegen und Reichsdänisch zu sprechen. Haderslev war eine Stadt, in der mich niemand kannte und in der ich niemanden kannte. Ich nutzte die Chance, mir eine neue Vergangenheit zu verschaffen und eine neue Identität aufzubauen, die, wie ich fand, viel besser zu mir passte.

Wenn mich auf dem Gymnasium jemand fragte, woher ich käme, sagte ich, ohne mit der Wimper zu zucken: aus Kopenhagen. Das führte natürlich zu einer gewissen Verwunderung, denn wieso war ich ausgerechnet hier gelandet, im Herzen Südjütlands? Meine Klassenkameraden sahen doch, dass ich jeden Morgen mit dem Bus kam, dem Bus aus Gram. Aber ich blieb dabei und fühlte mich als Kopenhagener.

Um die Wirklichkeit mit meiner neuen Identität in Einklang zu bringen, hatte ich eine Erklärung parat. Meine sogenannten »Eltern« in Gram waren nicht meine richtigen Eltern. Nur meine Pflegeeltern. Meine richtigen Eltern lebten in Kopenhagen, waren aber untergetaucht. Aus politischen Gründen. Es handelte sich um Kommunisten, die während einer Demonstration ein wenig übereifrig gewesen waren. Aber was hätten sie mit mir anstellen sollen, wo konnten sie mich in Sicherheit bringen? Sie mussten mich in eine Pflegefamilie geben und hatten einen Ort weit draußen in der tiefsten und finstersten Provinz gewählt, wo niemand mich finden würde und wohin die Polizei niemals kam. Und dieser Ort hieß Gram.

Dennoch, meine Sprache hatte etwas Eigenartiges. Ich versuchte mich, wie gesagt, in Reichsdänisch, ja, es sollte möglichst ein wenig kopenhagenerisch klingen, aber das gelang mir nicht immer. Ständig tappte ich in die Falle und machte Fehler, die typisch sind für einen Südjütländer, der versucht, sich »vornehm« auszudrücken. Meine Aussprache war außerdem übertrieben sorgfältig, als hätte ich sie in einem Kurs gelernt. Ich glaube, in Wahrheit verdächtigten sie mich, Deutscher zu sein. Und dass ich noch immer Südjütländisch redete, wenn ich zu Hause bei meinen Eltern in Gram war, machte das Ganze auch nicht einfacher. Sie wussten nicht, dass ich sozusagen vor der Zeit mit einem Leben als Kopenhagener begonnen hatte, und sie sollten es auch nicht wissen. Ehrlich gesagt, glaube ich, es hätte sie verletzt. War meine eigene Sprache denn nicht mehr gut genug für mich? Offen gestanden: nein. Meines Erachtens hatte alles Südjütländische etwas Minderwertiges, es repräsentierte eine Bauernkultur, die ich abschütteln wollte. Und rein privat verband ich die Sprache mit einer Kindheit und Jugend, die mir ganz einfach nicht angemessen erschien.

Kopenhagen hingegen war das gelobte Land. Käme ich erst einmal dorthin, würde das Leben ganz anders werden. Wie es werden würde, wusste ich nicht, aber in den Fernsehnachrichten sah ich Bilder der Stadt, den Rest reimte ich mir zusammen. Soweit ich sehen konnte, war jedes zweite Haus von Hausbesetzern okkupiert. Die Männer trugen alle lange Haare, und die Frauen liefen auf der Straße oben ohne herum. Ständig gab es Demonstrationen vor Christiansborg, die rote Fahne wehte, es wurden Parolen gerufen, sogar die Universität war besetzt. Und mittendrin blieb noch Zeit, Hasch zu rauchen und der freien Liebe zu frönen. Mit anderen Worten, es war genau der richtige Ort für mich. Es ging darum, eine bessere und sozial gerechtere Welt aufzubauen. Mir schien es höchste Zeit dafür zu sein.

Und dann zog meine Kusine aus Aabenraa nach Kopenhagen. Wir alle waren wie vom Donner gerührt, denn als Südjütländer ging man zum Studieren nach Aarhus, allenfalls noch in den Süden, nach Kiel oder Hamburg. Es gab Leute, die hatten Familie in den USA. Die flogen zum Kennedy-Flughafen und wurden dort von anderen Südjütländern abgeholt, die sich *over there* angesiedelt hatten. Aber Kopenhagen, nein, diese Stadt war zu gefährlich. Meine Kusine war dorthin gezogen, um Pädagogik zu studieren, aber nach wenigen Monaten schmiss sie das Studium, weil ihr die Lehrer zu reaktionär waren. Sie hatte geheiratet und war bereits wieder geschieden, das ging schnell dort drüben. Ich schaffte es ein einziges Mal, sie an einem Wochenende zu besuchen, bevor sie Kopenhagen wieder verließ. Die Stadt sah überhaupt nicht so aus wie in den Fernsehnachrichten, doch obwohl bei weitem nicht alle Männer langhaarig waren und die Frauen keineswegs oben ohne auf der Straße herumliefen, versuchte ich, nicht enttäuscht zu sein.

Ich verbrachte ein paar Tage in der Wohngemeinschaft meiner Kusine. Abends diskutierte sie mit den anderen über Politik, und ich setzte mich daneben und hörte zu. Natürlich waren alle sehr links eingestellt, eine von ihnen hatte sogar einen Leserbrief an die Tageszeitung *Information* geschrieben, sie war eine *rødstrømpe,* die für die Frauenbefreiung kämpfte. Eine andere kannte jemanden, der Molotowcocktails bauen konnte, irgendwann würde man sie wohl brauchen. Dass die Revolution käme, stand nicht zur Diskussion, und dann würden Köpfe rollen. Eine notwendige Maßnahme, wenn den Machthabern die Macht genommen und dem Volk gegeben würde. Meiner Ansicht nach klang das alles sehr vernünftig, allerdings war ich nervös, ob meine Haare lang genug sein würden, wenn es losging.

Die Enttäuschung über meinen ersten Eindruck von Kopenhagen war jetzt vollkommen verschwunden. Ich war euphorisch bei der Aussicht auf eine Revolution, und damit nicht genug: Plötzlich ging ein Mädchen durchs Zimmer, das nichts als sein Höschen anhatte. Es war hübsch, und ich hatte Lust, es zu küssen, aber sein Höschen war voller Blut. Ich konnte meine Augen nicht abwenden und fragte meine Kusine, was um Himmels willen passiert sei. Sie erklärte mir, das Mädchen habe seine Menstruation und weigere sich, Binden zu tragen. Die multinationalen Firmen, die so etwas verkauften, wären kapitalistische Schweine, die die Frauen aussaugten. Das klang irgendwie richtig, und ich unterstützte sie aus vollem Herzen. Ich hätte mir nur gewünscht, dass mir wegen des Blutes nicht schlecht geworden wäre.

Ansonsten war ich begeistert von dem Besuch in der Wohngemeinschaft meiner Kusine, und als ich wieder bei meinen Eltern war, erzählte ich ihnen von all den neuen Dingen, die in der großen weiten Welt passierten. Mein Vater sah mich ernst an und fragte, was denn dieses ganze Gerede von Revolution sollte? Wo führte das *letztendlich* hin? Ich erklärte, ich wolle helfen, eine bessere Welt für die Unterdrückten zu schaffen, unter anderem für Leute wie ihn. Denn ich hielt meinen Vater für einen von denen, die Karl Marx »die Verdammten dieser Erde« genannt hatte. Sein kleiner Kaufmannsladen wurde doch gerade von den Supermarktketten aus dem Markt gedrängt. Dem Großkapital! Und nun wollte ich ihm helfen. Durch meine politische Arbeit würde ich seine Ehre und Würde wiederherstellen. Darum musste ich nach Kopenhagen, denn die Schlacht wurde dort geschlagen. Man konnte die Revolution nicht von Gram aus starten, nicht einmal von Haderslev.

Mein Vater zeigte keinerlei Zeichen der Dankbarkeit. Und im Übrigen wusste er genau, was ich in Kopenhagen wollte. »Du willst doch nur dahin, um Gruppensex unter roten Fahnen zu treiben«, behauptete er. Er glaubte nicht an meine politischen Motive. Ich konnte es ihm nicht verzeihen. Heute allerdings, so viele Jahre später, muss ich in schwachen Momenten zugeben, dass er recht hatte.

Gab es auf der Haderslev Katedralskole jemanden, der mir glaubte? Kaum, aber das war auch nicht so wichtig. Ich hielt daran fest, dass ich im Grunde aus Kopenhagen stammte. Das war nicht allein eine Frage des Geburtsortes, das war auch eine Frage, wohin man gehörte. Und die übrigen ließen es geschehen, sie hatten vermutlich anderes im Sinn, dachten vielleicht, ich sei ein bisschen komisch.

In den letzten Jahren auf dem Gymnasium hatte ich einen Schulfreund, der den gleichen Traum träumte wie ich. Wir wollten zusammen nach Kopenhagen, um uns an der Revolution zu beteiligen. Köpfe sollten rollen, also mussten wir lernen, mit Waffen umzugehen. Deshalb wollten wir nach der Schule so rasch wie möglich in den Militärdienst eintreten. Bei der Musterung fiel ich wegen meiner schlechten Augen durch. Mein Freund wurde angenommen, und es gefiel ihm so gut beim Militär, dass er noch immer dort ist. Er hat eine großartige Karriere in der Armee hinter sich, und ich bezweifle, dass er sich daran erinnert, warum er sich seinerzeit beworben hat.

Nach dem Gymnasium gelang es mir, nach Kopenhagen zu kommen, aber ich habe nie die Wohngemeinschaft gefunden, in der Gruppensex unter roten Fahnen stattfand. Es gab Männer mit langen Haaren, und am nahe gelegenen Strand gab es auch ein paar Mädchen mit nackten Brüsten. Vor allem aber war ich sehr einsam. Bereits mit zwanzig Jahren debütierte ich als Hörspielautor, und kurz darauf erhielt ich einen Fernsehspiel-Auftrag. Ich hatte einen gewissen Erfolg als Dramatiker. Aber ich hatte keinen Arbeitsplatz, an dem ich andere Menschen traf, ich saß einfach zu Hause und schrieb. Irgendwann stand aus Anlass einer Fernsehspiel-Premiere in der Zeitung, dass ich unglaublich populär sei. Das hatte eine Zuschauerumfrage ergeben. Es war ein eigenartiges Gefühl, so populär zu sein und niemanden zu kennen.

Eines Tages hielt ein Umzugswagen vor der Tür des Hauses, in dem ich wohnte. Von meinem Fenster aus sah ich, wie die Möbelpacker die Möbel auf den Bürgersteig stellten. Ich war sehr gespannt, wer einziehen sollte. Wie sich herausstellte, eine junge Frau in meinem Alter, sie zog in die Wohnung unter mir. Sie sah aus wie eines der vielen Mädchen, die ich mir als Freundin erträumt hatte, seit ich nach Kopenhagen gekommen war. Abgesehen davon, dass sie nicht oben ohne herumlief. Ich zerwühlte rasch mein halblanges Haar, damit es ordentlich wuschelig aussah; allerdings dauerte das eine Weile, und als ich endlich auf die Treppe trat, war sie in ihrer Wohnung verschwunden.

Ich tat so, als hätte ich etwas auf der Straße zu erledigen. An einem Kiosk kaufte ich mir eine Zeitung. Natürlich die *Information*, die alle Sozialisten lasen. Ich drehte um und schlenderte langsam zurück. Der Umzugswagen war abgefahren, aber noch immer standen ein paar Stühle auf dem Bürgersteig. Ich wollte nett sein und trug einen der Stühle nach oben. Als ich ihn vor die Tür des Mädchens stellen wollte, kam es heraus.

Sie schaute mir direkt in die Augen und sagte: »Danke, das ist unglaublich nett von dir.« Dann drehte sie sich um und trug den Stuhl in die Wohnung. Mein Herz klopfte, und ich spürte, wie ich bis an die Ohren rot wurde. Ja, klar, ich kam vom Land, aber ganz auf den Kopf gefallen war ich trotzdem nicht. Als ich in meiner Wohnung stand und die Tür geschlossen hatte, tanzte ich vor Freude durchs Zimmer.

Es versteht sich von selbst, dass ich in dieser Nacht nicht schlafen konnte. Die ganze Zeit sah ich sie vor mir, wie sie mir in die Augen schaute und ihre Stimme laut und deutlich sagte, es sei unglaublich nett von mir gewesen. Das konnte doch nur heißen, dass sie mich wirklich mochte. Ob sie wohl auch einsam war und von einem Burschen wie mir geträumt hatte? Einem mit langen Haaren, der die *Information* las und ganz selbstverständlich einem Mädchen half?

Das Problem war nur, dass eine ziemlich lange Zeit verging, bevor ich sie wiedertraf. Ich hielt mehrfach am Tag nach ihr Ausschau, aber wenn ich sie ganz selten von meinem Fenster aus sah, war sie verschwunden, bevor ich auf die Straße kam. Ein paar Mal stand ich vor ihrer Tür, brachte aber nicht den Mut auf zu klopfen.

Eines Tages traf ich sie zufällig auf der Strøget. Sie stand mit einer Freundin vor einem Schaufenster und sah sich Kleider an. Natürlich lief ich auf sie zu und sagte hallo. Sie blickte mich jedoch nur verwundert an, als wüsste sie nicht, wer ich war. »Ich bin's, der mit dem Stuhl«, sagte ich, um ihrem Gedächtnis auf die Sprünge zu helfen. Aber das machte es nur schlimmer: Sie trat einen Schritt zurück und sah beinahe ängstlich aus. Dann wechselte sie einen Blick mit ihrer Freundin, worauf sich beide umdrehten und verschwanden. Ich begriff überhaupt nichts. Sie hatte mir doch in die Augen gesehen und gesagt, es sei unglaublich nett von mir! Wo ich herkomme, sagt man so etwas sehr selten, und wenn man es tut, dann bedeutet es, dass man den anderen wirklich mag.

Später verstand ich es natürlich. In Kopenhagen wird so viel gesagt, was ganz einfach nicht gemeint ist. Worte sind bloß Luft. Es gelten andere Codes in der Großstadt, und es dauerte viele Jahre, bis ich sie gelernt hatte. Wenn man beispielsweise eine Freundin finden möchte, reicht es nicht, nur einen Stuhl die Treppe hinaufzutragen, dazu braucht es andere Methoden.

Der Wendepunkt kam, als ein Schauspieler mir einen guten Rat gab. »Freitagabend gehst du früh zu Bett«, sagte er. »Stell den Wecker auf drei

Uhr, steh auf und dusche. Dann gehst du zu einem der Lokale, wo getanzt wird, entweder ins »Drop Inn«, den »Rådhuskroen« oder ins »La Fontaine«. Du musst dir einfach die Fahrräder vor dem Eingang ansehen. Wenn viele Damenräder mit Babysitzen davorstehen, ist das ein gutes Zeichen. Das bedeutet alleinerziehende Mütter, und wenn es nach drei ist und sie noch immer keinen Kerl gefunden haben, mit dem sie nach Hause gehen können, hat jemand wie du eine Chance. Denk dran, jede Stunde, die eine alleinerziehende Mutter in der Stadt ist, kostet Geld für den Babysitter. Und im Unterschied zu anderen Männern bist du nicht besoffen. Du bist ausgeruht und hast gerade geduscht. Du darfst nur nicht zu viel sagen und vor allem nichts von deiner Herkunft aus Südjütland erzählen, dann wird's schon klappen.«

Ich folgte seinem Rat und er hatte tatsächlich recht. Ich lernte Frauen kennen, sogar Kopenhagenerinnen. Normalerweise waren sie älter als ich, hatten Kinder und kein Interesse an einer festen Beziehung. Aber irgendwo muss man ja anfangen, und ich machte gute Erfahrungen, die ich später brauchen konnte.

Nun wohne ich seit dreißig Jahren in Kopenhagen, also länger, als ich in Südjütland gelebt habe. Ich habe mich an keiner Revolution beteiligt, sondern ein paar Schauspiele und eine Handvoll Romane geschrieben. Ich war verheiratet, bekam ein Kind und wurde geschieden. Bin ich jetzt also ein »richtiger« Kopenhagener? Nein, so einfach ist das nicht. Erst gestern wurde ich von einem Mann in unserem Supermarkt an der Ecke angehalten. »Bist du nicht Erling Jepsen«, fragte er, »der Autor aus Südjütland? Was machst du denn hier in der Großstadt? Du solltest daheim sein.«

ERLING JEPSEN

wurde 1956 in der Kleinstadt Gram in Südjütland geboren, kam 1976 als Student nach Kopenhagen und debütierte 1977 mit einem Hörspiel als Schriftsteller, lebt als Dramatiker und Romanautor in Kopenhagen. Bei Suhrkamp erschienen die Romane *Die Kunst, im Chor zu weinen*, *Fürchterlich glücklich* und *Mit freundlicher Anteilnahme*.

Aus dem Dänischen von Ulrich Sonnenberg

Die Utopie in der Kaserne

ULRICH SONNENSCHEIN
über das alte Dorf in der Moderne:
40 Jahre Freistaat Christiania

Das erste Schild …   … erste Bewohner

Es schien kein besonderer Moment, als eine Gruppe Jugendlicher am 26. September 1971 ein Loch in den Zaun der stillgelegten Kaserne Badsmandsstrede im Kopenhagener Stadtteil Christianshavn schnitt und das 36 Hektar große Gelände zum »Freistaat Christiania« ausrief. Und doch entstand so etwas wie ein Mythos, der sich bis heute gehalten hat. Überall in Europa waren damals junge Leute, vom Freiheitsdrang des amerikanischen »Summer of Love« infiziert, auf der Suche nach alternativen Lebensformen, die ohne die strengen Gesetze und Hierarchien der festgefahrenen lustfeindlichen Gesellschaft der Elterngeneration auskommen wollten. So wollte man auch in Christiania zunächst nur frei sein von dem, was die wohleingerichtete Gesellschaft von ihrem Nachwuchs erwartete. Dafür nahm man Armut und ein sehr einfaches Leben in Kauf und entzog sich mit Hilfe verschiedener bewusstseinverändernder Substanzen der Belastung durch Lohnarbeit und Eigentum. Viele waren aufgebrochen, um die eigene Kreativität zu entdecken und sich im Rausch nicht nur der Freiheit selbst neu zu erfahren. Als Insel der verantwortungsvollen Individuen sollte diese Gemeinschaft mitten in einer leistungsorientierten kapitalistischen Gesellschaft all denen Raum bieten, die sich dem System nicht anpassen wollten.

Das aber fand inmitten eines konservativ-bürgerlichen Staates statt, in dessen Hauptstadt gar, unweit von Regierungssitz und Polizeigewalt. Dennoch wurden diese ersten Aussteiger als kurzlebige Widerstandsgruppe ohne Gefahrenpotential geduldet. Der Eigentümer, das Verteidigungsministerium unter Kjeld Oelsen, ließ sie gewähren, weil man zu der Zeit ohnehin keine konkreten Nutzungspläne für das alte Kasernengebäude hatte. Der dänische Staat übt sich gern in Toleranz, und so entstand das »soziale Experiment« Christiania.

Heute, vierzig Jahre später, funktioniert diese lebendige Gemeinschaft von Künstlern, Musikern, linken Intellektuellen, reichen Idealisten, Haschisch-Dealern, Drop-outs, Obdachlosen und Verrückten stabil, jenseits der Duldung und des Experiments. Christiania ist ein Ort, der all die aufnimmt, die der Hauptstadt und ihrem sauberen Zentrum im Weg sind, und so lässt man sie gewähren. Aus der Unentschlossenheit wurde Toleranz und schließlich Akzeptanz, eine Schrittfolge, die man sich nur schwer vorstellen kann.

Als das Militär aus der nutzlos gewordenen Kaserne abzog, erschien ein Artikel in der unabhängigen Stadtzeitung *Hovedbladet,* der die Nutzung diskutierte und die Kaserne als Ort für junge Obdachlose anpries. Aus dem ganzen Land kamen nun Hausbesetzer nach Kopenhagen, stiegen in die Buslinie Nr. 8, und schon bald lebten über 300 Leute dort. Man einigte sich auf einen Namen, der sowohl auf den Stadtteil Christianshavn zurückzuführen ist als auch auf die erste Freihandelszone Skandinaviens, Christiania, das heutige Oslo.

Doch Christiania war mehr als nur ein willkommener Ort für gesellschaftliche Aussteiger. Soziale Gruppen funktionieren nicht ohne Systeme, ohne Aus-

Einzug mit Sack und Pack

einandersetzungen und ohne Regeln. So wurden in Versammlungen, an denen alle mit gleichem Recht teilnahmen, erste gemeinsame Ziele formuliert und der Umgang mit den Behörden abgestimmt.

»Das Ziel von Christiania ist der Aufbau einer selbstverwalteten Gesellschaft, in der jedes Individuum sich frei entfalten kann, der Gemeinschaft als ganzer aber verantwortlich bleibt. Die Gesellschaft soll ökonomisch unabhängig sein; gemeinsames Ziel muss dabei immer sein, dass man versucht zu zeigen, dass sich geistige und physische Umweltvergiftung verhindern lässt«, heißt es in einer Grundsatzerklärung vom November 1971. Außerdem war man sich schnell einig, dass man Haschisch akzeptieren, gegen harte Drogen aber »erbarmungslos« vorgehen wolle, dass die Häuser allen gehören und dass der Freistaat autofrei bleiben sollte. Zehn pragmatische Grundregeln bestimmen bis heute den Alltag in Christiania, mehr nicht. Der Rest wird diskutiert und von Fall zu Fall gemeinsam beschlossen. Denn die persönliche Freiheit war von Beginn an das wichtigste Gut in Christiania. Dass der dänische Staat den Menschen hier diese Freiheit gab, sie in großem Umfang selbst entscheiden ließ, wie sie leben wollten, ist bis heute eines der Wunder innerhalb der modernen, durch und durch kontrollierten Systeme.

Das war jedoch nicht ganz uneigennützig. Christiania wurde schnell zu einem Auffangbecken für all jene, mit denen kein Staat souverän umgeht. All die, die sich innerhalb fester Regeln einer bürgerlichen Gesellschaft nicht zurechtfinden, werden zum Unsicherheitsfaktor für jedes Staatsgefüge. Das gilt gleichermaßen für den dänischen Staat, für die Stadt Kopenhagen und das anarchische Christiania. »Es ist leicht, über Anarchie zu reden«, sagt Lars, Musiker und einer der langjährigen Bewohner, »doch es ist sehr schwer, sie zu leben.«

Vielleicht profitierte Christiania von der strukturellen Unsicherheit. Es gab jenseits der Legitimität des Einzelnen keine Planungssicherheit, und so war ein ungebrochener Optimismus das, was Christiania antrieb. Man baute wunderbar phantasievolle Häuser in künstlerischen Formen und Farben an den Ufern des Flusses oder sogar darin. Diese Häuser waren kleine, bewohnbare Kunstwerke ohne Eigentümer. Sie dürfen bis heute nicht verkauft werden. Wenn ein Bewohner geht, zieht ein anderer ein.

Liebe, Hoffnung, Freiheit

Christiania lebte von Anfang an nach eigenen Regeln, in einer eigenen Zeit, die jenseits der Moderne etwas Unbestimmtes hat. Dennoch musste man sich mit den Behörden einigen. Im Mai 1972 kam ein vorläufiger Zehn-Punkte-Plan zustande, der die Zahlungen für Wasser und Strom, das Melde- und Gesundheitswesen und die Abfallbeseitigung betraf. Christiania wurde in zehn unabhängige Bezirke aufgeteilt, die jeweils einen eigenen Kassierer bekamen. Entscheidungen wurden immer noch nach dem Prinzip der absoluten Mitbestimmung eines jeden gefällt, doch die kleineren Einheiten beschlossen jetzt dezentral, wie sie ihre Probleme zu lösen gedachten.

Bereits zu der Zeit entstanden zwei unterschiedlich orientierte Lager. Auf der einen Seite standen die Idealisten, Künstler und Intellektuellen, die einer Utopie der freien, ungebundenen Lebensform folgten und dabei ganz auf das Verantwortungsbewusstsein des Einzelnen setzten. Die andere Seite hingegen wollte von all diesen (theoretischen) Gedanken nichts wissen, sondern eher nach hedonistischen Idealen leben, freie Liebe, Drogen und Musik genießen, ohne sich um einen geregelten Alltag zu kümmern. Diese Gruppe war nicht nur vollständig gleichberechtigt, sondern zahlenmäßig größer und vor allem sichtbarer. Die Gegner Christianias sahen in diesen Menschen eine Gefahr für die gesellschaftliche Sicherheit, und so kam es immer wieder zu Übergriffen durch die Polizei. Die Geschichte der Razzien durch die »Uro-Patrouille«, eine nicht uniformierte Gruppe der Polizei, die sich vor allem mit sozialen Problemen und der Drogenbekämpfung befasste, ist so lang wie die Geschichte Christianias selbst. Das harte Durchgreifen dieser Sondereinheit – Hausdurchsuchungen ohne richterlichen Befehl, körperliche Gewalt und mutwillige Zerstörung – ließ viele Christianiter schon in den ersten Jahren aufgeben. Doch die Gemeinschaft zerbrach daran nicht.

Der nominelle Besitzer des Geländes war noch immer das Verteidigungsministerium, doch für die gesellschaftliche Ordnung hatte die Stadt zu sorgen. In diesem gesetzlichen Zwischenraum überdauerte Christiania. Für den Fall einer Räumung hatten die Christianiter einen Abwehrplan entwickelt. Innerhalb weniger Stunden wären Hunderte von Sympathisanten mittels einer Telefonkette mobilisiert worden, die sich

Nordisches Flair: Hausboot in Christiania

Demonstration für den Erhalt des
Freistaates Christiania

Ein ehemaliger Haschisch-Verkaufsstand
wird dem Nationalmuseum gestiftet

den Behörden entgegengestellt hätten. Daraus wurde die Organisation »Unterstützt Christiania«, die ausschließlich aus Menschen außerhalb des Freistaates bestand und die sich erfolgreich auch politisch gegen einen Abriss der Kasernen einsetzte. Unberührt von den Verhandlungen auf Regierungsebene, entwickelte sich das gesellschaftliche Leben in Christiania weiter. Werkstätten und Kindergärten entstanden, ein öffentliches Badehaus, ein Abfallbeseitigungs- und Recycling-System, Restaurants, Rock-Clubs, Ateliers und Versammlungssäle, vor allem aber das unabhängige Theater Solvognen, das über die dänischen Grenzen hinaus bekannt wurde und lange half, viele Vorurteile gegenüber Christiania abzubauen.

Für die kommunalen Aufgaben wurde eine »Regenbogenarmee« eingesetzt, die für einen reibungslosen Ablauf der alltäglichen Notwendigkeiten sorgte, wie Lebensmittelbeschaffung, Koordination der kulturellen Aktivitäten, Abfallbeseitigung und Wohnraumbeschaffung. Als die Regierung schließlich eine Evakuierung zum 1. April 1976 beschloss, war allen klar, dass niemand sein Haus, und sei es nur ein Bretterverschlag, kampflos verlassen würde. Christiania war nicht mehr nur ein soziales Experiment, sondern eine lebende, auch widerstandsfähige Gemeinschaft. Als der 1. April vorüberging, ohne dass etwas geschah, war der erste »Staatsfeiertag« der alternativen Bewegung geboren.

In den folgenden Jahren verlagerte sich der Konflikt – er fand nicht mehr im politischen Raum statt, sondern beschäftigte die Gerichte. Räumungsklagen wurde stattgegeben, sie wurden wieder aufgehoben, Nutzungspläne wurden vorgelegt und verworfen, Kostenaufstellungen und Sozialpläne widersprachen sich, sodass eine Schließung des Freistaates in immer weitere Ferne rückte. Nicht nur die soziale Komponente, die vielen Arbeitslosen und Sozialhilfeempfänger, die in Christiania zufrieden lebten, waren ein Argument, sondern auch die hohen Kosten, die es verursachen würde, das Gelände in einen anderen Nutzen zu überführen.

Die Konflikte mit Staat und Stadtverwaltung gehören zu der Geschichte Christianias und werden nicht enden, solange der Staat im Staat besteht. Es gab immer wieder Razzien, der Cannabishandel wurde aus dem öffentlichen Raum, der Pusher Street, vertrieben, verlagerte sich erst nach innen und dann, nach brutalen Einsätzen der Polizei, nach außerhalb der Grenzen von Christiania. Einer dieser bunten Verkaufsstände steht heute im dänischen Nationalmuseum.

Auch gab es immer wieder Abrisskommandos, die in das Gebiet eindrangen und auf heftigen Widerstand stießen. Es gab Verhaftungen, Verurteilungen und Geldstrafen – aber bislang keine vollständige Kriminalisierung des Freistaats. Vielmehr gibt es noch immer eine eigene Form von diplomatischen Beziehungen zwischen der Stadt und Christiania. Man akzeptiert und toleriert die Existenz, Christiania hält sich seinerseits weitestgehend an die Gesetze des Staates, leistet seine Abgaben für öffentliche Leistungen, bezahlt Steuern, Strom und Wasser und erfüllt behördliche Auflagen. Nicht nur, um weitere Razzien zu vermeiden, sondern auch, um der eigenen Verslumung vor-

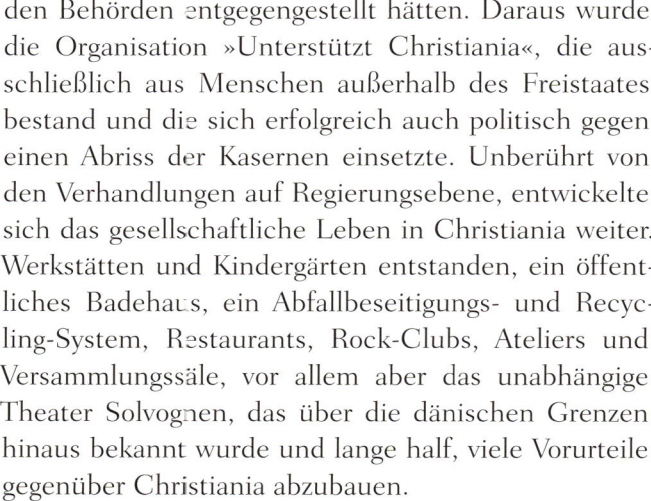

Bauwagen, bemalt als
offizielle Flagge des Freistaates

zubeugen, hat Christiania selbst die harten Drogen radikaler bekämpft, als es der Staat jemals vermocht hätte. Mit seiner Anti-Heroin-Kampagne demonstrierte Christiania auch in Drogenfragen ein Verantwortungsbewusstsein, das in der Gesellschaft auf Anerkennung stieß. Und so weht die rote Flagge mit den drei gelben Punkten, die, von den drei i's Christianias abgeleitet, »Liebe, Hoffnung und Freiheit« symbolisieren sollen, weiterhin über der ehemaligen Kaserne.

Die Kumulation der Ränder

In einer Gemeinschaft wie Christiania kann es Wohlstand, wie ihn die moderne Leistungsgesellschaft ermöglicht, nicht geben. Das anarchische Grundprinzip sucht relative Gleichheit und akzeptiert persönliche Nonkonformität. Dennoch ist Abwanderung nicht das Problem in Christiania, sondern die Zuwanderung. In den letzten zwanzig Jahren lag die Bevölkerungszahl konstant bei unter tausend Menschen, und es wird strikt darauf geachtet, dass bei dem begrenzten Raum keine Überbevölkerung entsteht.

Natürlich kann von wirklicher Autonomie keine Rede sein. Einige Bewohner haben Jobs in der Stadt, andere leben von Sozialhilfe oder anderen öffentlichen Zuwendungen. Doch die Bemühungen, ein anderes, gerechteres Leben zu führen, belaufen sich nicht auf den Respekt dem Einzelnen gegenüber, egal wie er sich in die Gemeinschaft einbringt. Das Gesundheitshaus zum Beispiel entstand sowohl aus Idealismus wie aus Pragmatismus. Es ist wie das Badehaus eine Einrichtung der Gemeinschaft für die Gemeinschaft. Doch während man im Badehaus für die warme Dusche und die Sauna einen geringen Betrag bezahlen muss, ist die Behandlung im Gesundheitshaus kostenlos und vor allem anonym. Nicht jeden Tag ist ein Arzt dort zugegen, doch verschiedene alternative Mediziner leisten erste Hilfe, verabreichen Tees, Salben und Verbände, ohne nach den Ursachen zu fragen.

Für einen Staat, der die Legalität des Einzelnen nicht an dessen Papieren festmacht, ist Anonymität eine Selbstverständlichkeit. Die meisten Christianiter leben nur unter ihrem Vornamen hier, manche, weil sie einer Strafverfolgung entgehen wollen, andere, weil

sie kein Visum haben, und wieder andere, weil Namen nicht mehr sein sollen als ihr Gebrauch. Es gibt keine Pflicht, keine Kontrolle, keine Notwendigkeit. Insofern liegt es auf der Hand, dass sich Christiania als Hort derer anbietet, die innerhalb der Gesellschaft als »verrückt« gelten. Das exzentrische Verhalten hat in Christiania einfach mehr Raum, ohne den des anderen einzuschränken.

Menschen mit extremen Verhaltensweisen tragen zum öffentlichen Bild Christianias bei und haben die gesellschaftliche Struktur dort aufgelockert, indem sie ein strenges Regelsystem gar nicht erst möglich machten. Auf der anderen Seite aber sind sie auch eine Belastung für die Gemeinschaft. Christiania ist keine therapeutische Einrichtung, und so werden psychisch Kranke dort ebenso allein gelassen wie jeder andere auch und sind in ihrer individuellen Einzigartigkeit Teil des Ganzen.

Der Kontrast zwischen dem unkonventionellen Leben in Christiania und den immer klinischer werdenden Innenstädten könnte größer kaum sein. Doch die vorschnellen Urteile über die Struktur Christianias werden dann korrigiert, wenn man in das System eindringt und sich mit den Leistungen dieser bunten Gemeinschaft beschäftigt.

Wie in jedem Staat finden in Christiania die verschiedensten Menschen zusammen, nur mit dem Unterschied, dass sie hier keinem sozialen Stigma ausgesetzt werden. Über einen Ausschluss berät der gesamte Staat. Auch hier finden sich die Rituale archaischer Gesellschaften wieder. Bei den großen, unregelmäßig stattfindenden Versammlungen wird beispielsweise immer nur ein Tagesordnungspunkt verhandelt, da es weder Hierarchien noch einfache Mehrheitsentscheidungen gibt. Die fundamentalen Unterschiede zur bürgerlichen Gesellschaft, die sie umgibt, sind Rezept des Erfolges und Misserfolges zugleich. Inmitten der Stadt als Kumulation ihrer Ränder weiterzubestehen, das ist Christianias Chance, einfach weil es inzwischen vierzig Jahre überlebt hat, aber auch sein Verhängnis. Denn in dieser Form der reduzierten Mittel und Möglichkeiten, fernab von dem Luxus der postmodernen Gesellschaft, ist Christiania zum Stillstand gezwungen, während sich alles herum bewegt. Es wird zu einem kulturellen Reservoir, dessen einziger Rohstoff die Ideen sind, die sich in Form von Bildern, Liedern, Romanen und Theaterstücken manifestieren.

Aus der einstigen Gegenkultur ist ein wohlbewahrtes Ghetto für Andersdenkende geworden, das die Gesellschaft schützt wie ein altes Haus, das nicht wegen seiner architektonischen Schönheit bewahrt wird, sondern wegen seiner Geschichte. In dem Maße, wie kulturelle Impulse von Christiania ausgingen, alte Handwerkstraditionen wiederbelebt und ausgeweitet wurden, Bob Dylan, Blur und Alanis Morisette in der großen »Grauen Halle« spielten, das Fernsehen provokative Dokumentationen drehte und sich die Christianiter mit ihren eigenen Leistungen der Bevölkerung öffneten, kam es auch zu einem immer entspannteren Verhältnis mit den Bürgern in Kopenhagen.

Inzwischen weiß auch die Stadt die zahlreichen Touristen zu schätzen, die alljährlich zu den Veranstaltungen nach Christiania kommen, oder um zu sehen, ob dort der lebende Untergrund zu finden ist und nicht nur, wie es hieß, ein »Zoo für Alt-Hippies«, was den Staat jedoch nicht daran hindert, immer wieder öffentlich über den Verkauf des Geländes nachzudenken. Doch solange es besteht, lebt Christiania von den Touristen, Führungen werden angeboten, und die Werkstätten fertigen unaufwendige, gebrauchsfertige Souvenirs. Wenn sich dann einer der Touristen doch einmal in eine jener Bars verirrt, in denen der Rauch undurchdringlicher ist als die Fenster, die das Sonnenlicht hereinlassen sollen, und dort die wild, aber zufrieden aussehenden Menschen betrachtet, wundert er sich. »Sie stehen da«, schreibt Mark Edwards, »in ihren schicken Freizeitklamotten und betrachten die Leute, die aus ihrer wohlgeordneten, komfortablen Welt weggelaufen sind.« ℭ

ULRICH SONNENSCHEIN,
geboren 1961, studierte Germanistik und Kommunikationswissenschaft, promovierte über Arno Schmidt. Seit 1989 Redakteur, Autor, Moderator und in der aktuellen Kulturredaktion des Hessischen Rundfunks. Bei Reclam erschienen *Alles so schön bunt hier* und *Die Kick-Kultur, Zur Konjunktur der Süchte*, bei Suhrkamp *Globalisierung im Alltag*. Er lebt mit seiner Frau und zwei Kindern in Frankfurt am Main.

AUFTAUCHEN,
HINSETZEN,
SPIELEN:

JOHN TCHICAI,

KOMPONIST
UND SAXOPHONIST,
ÜBER DEN
SOUND AM SUND

John Tchicai, Sie sind in Kopenhagen geboren, aber in Aarhus aufgewachsen. Warum sind Sie nach Kopenhagen zurückgekehrt?
Nun ja, ich bin in Aarhus aufgewachsen, allerdings gab es in Aarhus keine wirkliche Jazz-Szene. Es gab einen einzigen Jazz-Club, in dem hin und wieder Bands auftraten, die auf der Durchreise waren. Damals habe ich angefangen, Jazz zu spielen, unter anderem in der Band eines Saxophonisten namens Poul Ramsing. Aber wie gesagt, in Aarhus gab es nur wenige Möglichkeiten für Jazz-Musiker, das wirklich Entscheidende passierte in Kopenhagen, dort war viel mehr los. Und als ich 1960 meinen Wehrdienst als Marinesoldat in Kopenhagen abgeleistet hatte, blieb ich in der Stadt.
Erinnern Sie sich an Ihren ersten Eindruck von Kopenhagen?
Es war eine enorm spannende Stadt, weil mich der Jazz interessierte. In Kopenhagen gab es eine Menge richtig guter Musiker und einige gute Clubs. Es war großartig –
– welche Clubs waren das?

John Martin Tchicai beim
Montreux Jazz Festival, Juni 1970

Oskar Pettiford und Stan Getz …

Es gab mindestens zwei, drei Orte, an denen man auftreten konnte und an denen regelmäßig Jazz gespielt wurde – allerdings kann ich mich nicht mehr daran erinnern, ob es dort jeden Tag Live-Musik gab. Ich denke vor allem an einen Club an der Ecke Kongensgade und Kongens Nytorv, wo die Lokale »Skindbuksen« und »Hviids Vinstue« liegen. Dort gab es in der zweiten Etage das »Blue Note«, in dem auch die amerikanischen Musiker auftraten, wenn sie in in der Stadt waren. Gespielt wurden dort die unterschiedlichsten Stilrichtungen, aber mich persönlich interessierte vor allem der moderne Jazz, also Stan Getz oder dänische Musiker wie der Pianist Bent Axen, der Bassist Erik Moseholm oder die Schlagzeuger Jørgen Elniff und William Schiöpffe.

Waren das Amateure, oder konnte man vom Jazz leben?

Ich konnte auf keinen Fall davon leben, aber ich hatte ja auch gerade erst angefangen. Als ich aus der Marine entlassen wurde, ging ich auf Danmarks Musikskole, die an der Strøget in der Nähe vom Kongens Nytorv lag, und nahm Unterricht bei wichtigen dänischen Jazz-Musikern wie Ib Glindemann, der damals auch eine Amateur-Bigband leitete. Und auf dem Konservatorium traf ich andere Musiker, die in Kopenhagen wohnten. Man lernte sich kennen und dachte, oh, der klingt aber gut, mit dem würde ich gern mal zusammen spielen. So fing alles für mich an.

Hatten Sie einen Club, in dem Sie damals am liebsten spielten?

Es gab einen Club, der »Vingaarden« hieß und am Nikolajplads lag [Vingårdstræde 21, heute ein französisch-dänisches Restaurant. u.s.]. Sonntagnachmittags konnte man dort einfach auftauchen, sich hinsetzen und spielen, wenn man eine Gruppe beieinanderhatte.

Verraten Sie, ob es bis heute einen Kopenhagener Lieblingsort gibt, zu dem es sie immer wieder zieht?

O ja, aber das hat nichts mit Jazz zu tun (lacht). Obwohl ich gestehen muss, dass ich das letzte Mal, als ich in der Stadt war, nicht dort gewesen bin. Es ist »La Glace«, die alte Konditorei in der Skoubogade. Wegen des Kuchens … Und sonst? Ich esse sehr gern traditionelles dänisches Essen, Frikadellen, gebratene Scholle, so etwas. Das bekomme ich in Frankreich nicht. Daher gehe ich in Kopenhagen immer wieder gern in die alten Frokost-Restaurants, die solche traditionellen Gerichte servieren.

… und Dexter Gordon im Montmartre

In den späten fünfziger, frühen sechziger Jahren kamen viele amerikanische, vor allem afroamerikanische Jazz-Musiker nach Kopenhagen, einige ließen sich dort nieder. Was hat die Faszination der Stadt ausgemacht?

Es lag vor allem daran, dass es einen festen Ort gab, an dem die Musiker über einen längeren Zeitraum spielen konnten: den 1959 eröffneten Jazz-Club Montmartre. In den USA gaben die Musiker ein Konzert in jeder Stadt und fuhren dann weiter. Im Montmartre hingegen bekamen sie ein Engagement für eine Woche, vierzehn Tage oder sogar noch länger – je nachdem, wie berühmt sie waren. Dexter Gordon habe ich damals sehr oft im Montmartre gehört. Wie viele andere

Ben Webster

Jazz-Musiker wohnte er inzwischen in Kopenhagen – Ben Webster, Kenny Drew, Oscar Pettiford und Brew Moore zum Beispiel. Natürlich gab es dafür auch eine soziale Ursache: Die farbigen Musiker wurden in Kopenhagen freundlich und vorurteilslos aufgenommen, ja, sie wurden wie Stars behandelt. Diese Art von Toleranz kannten sie aus den USA nicht, dort herrschten völlig andere Bedingungen. Außerdem gab es viele hübsche dänische Mädchen, die sich gern um die amerikanischen Musiker kümmerten … Im Gegensatz zu den ziemlich puritanischen Zuständen in den USA erlebten sie in Kopenhagen eine ganz andere Form der Liberalität, Offenheit und Freizügigkeit. Und wir dänischen Jazz-Musiker haben ihnen natürlich gern zugehört. Man konnte ja viel von ihnen lernen, sie wussten eine Menge über den Jazz. Mit vielen von ihnen bin ich dann auch im Montmartre aufgetreten, unter anderem mit Dexter Gordon und Lee Konitz.

Was zeichnete die Einzigartigkeit des Montmartre aus?

Es war einfach *das* Jazz-Mekka des Nordens. Und Jazz war damals bei den jungen Leuten »in«. Man ging ganz einfach in diesen Club und hörte Jazz. Das Montmartre gehörte zu den großen Attraktionen. Außerdem hatte das Montmartre Partner-Jazz-Clubs in Stockholm und Oslo, sodass die Musiker in Skandinavien herumreisen und auch dort Konzerte geben konnten – überall gab es genügend Publikum. Und die Inhaber des Mont-

Cecil Taylor

martre waren mutig, sie luden auch Avantgarde-Musiker ein, die ungewöhnliche, experimentelle und nicht so leicht konsumierbare Musik spielten. Bei Musikern wie Cecil Taylor kamen natürlich nicht so viele Zuhörer …

Dänische Bands konnten übrigens nur am Montag oder Dienstag auftreten. Der Pianist Max Brüel und ich haben lange mit unserer Band jeweils montags im Montmartre gespielt, die anderen Wochentage waren für die berühmten Amerikaner reserviert. Aber das Besondere und Einzigartige war, dass der ganze Club vor Kreativität, Musikalität und Lebensfreude vibrierte. Es herrschte eine genial-schöpferische Atmosphäre, so etwas gab es nirgendwo sonst in der Stadt.

Welche Rolle spielte dabei das dänische Radio?
Das war ein weiterer Grund, warum die amerikanischen Musiker so gern in Kopenhagen lebten. Wegen des großen Interesses am Jazz – Danmarks Radio hatte damals sogar eine eigene Jazz-Abteilung! – gab es viele Aufzeichnungen und Übertragungen von gemischten dänisch-amerikanischen Gruppen aus dem Montmartre. Das Radio übernahm dadurch eine sehr wichtige Funktion, die es in den USA ebenfalls nicht gab. Im Funkhaus hatten die Musiker die Möglichkeit, ohne Druck in schönen, professionellen Studios aufzunehmen oder ganze Radiokonzerte zu geben. Das war ein gewaltiger Vorteil.

Kam es durch die Zusammenarbeit zu speziellen skandinavischen Einflüssen im Jazz?
Die skandinavische Kultur und die skandinavische Mentalität hatten bestimmt einen gewissen Einfluss

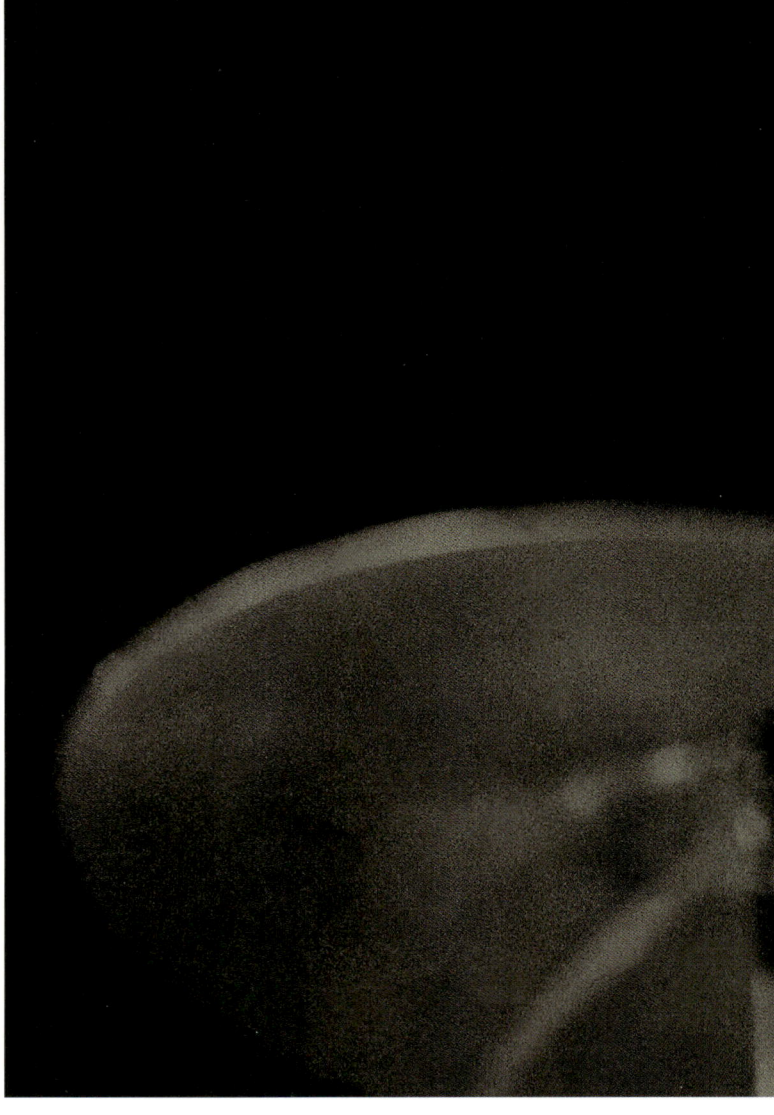

Miles Davis

auf die Musik. Am deutlichsten kommt dies vielleicht bei Stan Getz zum Ausdruck, der viel mit schwedischen Musikern gearbeitet und komponiert hat. Eine bestimmte Art von Volksmusik kam dadurch in den Jazz, ich denke zum Beispiel an *Dear Old Stockholm*, eine ziemlich bekannte Nummer. Sogar Miles Davis hat Themen gespielt, die auf skandinavische Volkslieder zurückgehen.

Weshalb sind Sie aus Kopenhagen fortgegangen?
Wegen der Musik. 1962 bin ich zum ersten Mal in die USA gereist, weil es dort so viele ausgezeichnete Musiker gab, mit denen ich spielen wollte. Ich dachte, wenn die Musiker, die nach Kopenhagen kommen, schon so gut sind, wie gut müssen erst die sein, die noch in den USA leben? Aber die USA waren in gewisser Hinsicht auch ein Schock. Es herrschten vollkommen andere soziale Verhältnisse, als ich sie gewohnt war. Und es gab bei weitem nicht so viele Orte, an denen man spie-

len konnte. Man musste schon verdammt gut sein, um einen Job zu bekommen.

Sie treten bis heute regelmäßig in Kopenhagen auf. Wie hat sich die Stadt aus Ihrer Sicht verändert?
Kopenhagen ist nach wie vor eine weltoffene Stadt. Und sie hat inzwischen sehr viel mehr multikulturelle Facetten als damals, weil so viele ethnisch unterschiedliche Einwohner dazugekommen sind. Sie haben die Stadt verändert, Kopenhagen ist internationaler geworden. Allerdings hat sich seit damals auch das Tempo dramatisch erhöht.

Und hat die Stadt noch immer gute Jazz-Clubs?
Aber ja, natürlich. Es gibt das »Copenhagen Jazzhouse« [Niels Hemmingsens Gade 10], ein wunderbarer Ort zum Spielen und Zuhören. Ein schöner Raum mit einer guten Akustik, den ich sehr empfehlen kann. Außerdem hat das Montmartre an alter Stelle neu eröffnet [St. Regnegade 19 A]. Und im Huset in der Magstræde gibt es mit dem 1. Sal nicht nur einen festen Jazz-Club, sondern manchmal gleich auf drei Etagen Musik, vor allem beim alljährlichen Copenhagen Jazz Festival im Juli.

John Tchicai, gibt es den typischen Kopenhagen-Sound?
»Sound« würde ich nicht unbedingt sagen, aber es gibt diese besondere Kopenhagener Stimmung, die man nicht so leicht vergisst. Sie kennen sicher das dänische Wort *hygge,* das schwer zu übersetzen ist. Der deutsche Begriff »gemütlich« trifft es nur sehr begrenzt. Aber man kann nach Kopenhagen kommen und durch die Straßen gehen, und dann denkt man, ja – jetzt bin ich zu Hause. ç

JOHN MARTIN TCHICAI,
1936 in Kopenhagen geboren, Saxophonist und Komponist. Arbeitete seit den sechziger Jahren u. a. mit Albert Ayler, Don Cherry, John Coltrane, Dexter Gordon, Pharao Sanders und Archie Shepp und veröffentlichte zahlreiche Platten unter eigenem Namen. John Tchicai lebt heute in Südfrankreich.

Mit John Tchicai unterhielt sich Ulrich Sonnenberg

corso*folio* | Kopenhagen

Tania Blixen in Afrika
mit schottischen Hunden, 1918

Out of Kopenhagen

ELSEMARIE MALETZKE
*folgt den Spuren der Tania Blixen
von Afrika nach Rungstedlund*

»Dort habe ich mich nach Dänemark gesehnt und hier, weit von Afrika entfernt, habe ich Heimweh. Überlegen Sie: Wie sollte ich hier meine Wurzeln finden? Man kann nicht nur davon leben, ein Buch zu schreiben, über das alle sprechen. Man wird eine Art Sammlerstück.«

TANIA BLIXEN

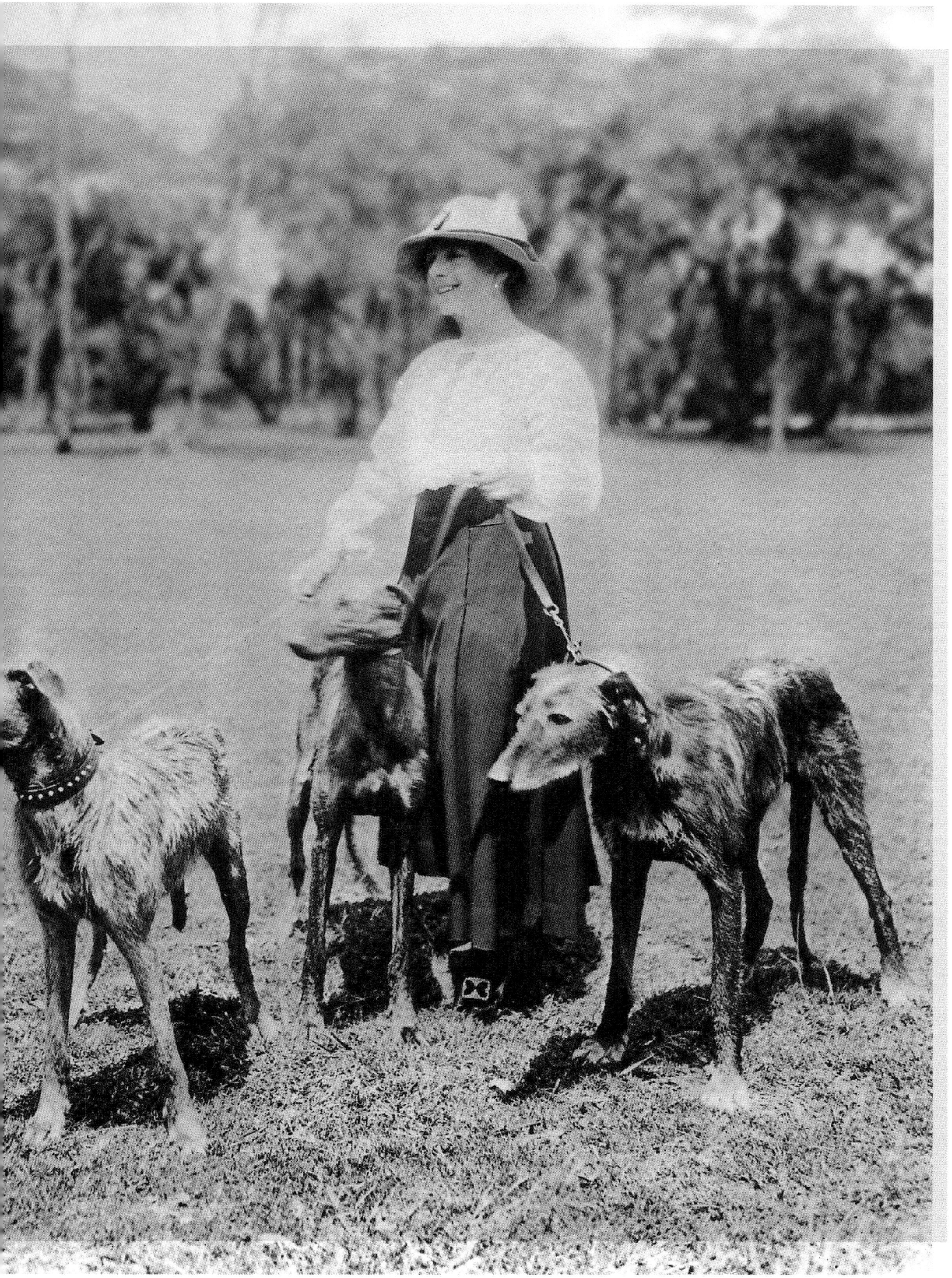

Sie wollte nicht, dass es später um Rungstedlund herum so aussähe: Großraum Kopenhagen, der alte Hof aus dem 17. Jahrhundert abgerissen, Reihenhaussiedlungen auf dem Land, wo einmal Pferde geweidet hatten und der Kuckuck gerufen. Die Straßen vielleicht nach toten Dichtern benannt, als letzte kleine Verbeugung vor denen, die hier gelebt, geschrieben und sich am Meer und den alten Bäumen erfreut hatten, ehe sie vergessen wurden: Wilhelm Dinesen alias Boganis und der Lyriker Johannes Ewald.

Ihren eigenen Namen nannte sie nicht, obwohl sie auch schon vor über sechzig Jahren – und nach ihrem Bestseller *Afrika – dunkel lockende Welt* – Dänemarks berühmteste lebende Autorin war: die Baronin Karen Blixen, die in Deutschland Tania heißt und in den USA Isak Dinesen. Damals, 1958, sprach sie im Radio mit ihrer alten, röhrenden, drängenden Stimme und bat ihre Leser um eine Krone, damit Rungstedlund in eine Stiftung überführt werden konnte. Nur eine Krone pro Kopf, denn sie wollte zählen können, wie viele sie erhören würden. Es waren über 80.000. Um ihnen zu danken, pflanzte sie in ihrem Park eine »Hörer-Eiche«.

Es hätte also schlimmer kommen können für das Haus, in dem Blixen 1885 als Karen Dinesen geboren wurde, in das sie 1931 ruiniert »out of Africa« zurückkehrte und in dem sie 1962 gestorben ist. Ehe das große Immobilienschachern an diesem Teil der dänischen »Goldküste«, am Øresund, nördlich von Kopenhagen, losging, war Rungstedlund gerettet. Still ist es trotzdem nicht geblieben. Eine vierspurige Schnellstraße trennt das Anwesen vom Meer. Wenn Blixen heute vom Schreibtisch nach links blicken könnte, sähe sie statt des offenen Sandstrands den Yachthafen voller Bootsmasten. Doch Haus und Hof sind unverändert und ein piekfeines Museum, der Park ist ein Vogelschutzgebiet. Der Siedlung jenseits der Hecke sind die Bäume über die Dächer gewachsen, und der einzige tote Dichter, nach dem dort eine Straße benannt ist, heißt Karen Blixen.

Out of this world

In Kopenhagen ist sie dagegen fast unsichtbar. Als gäbe es neben Hans Christian Andersen keine Lücke mehr im dänischen literarischen Universum. Für Andersen: zwei Denkmäler, eine Show im Tivoli und 62 Stationen

Der Hof von Rungstedlund; Tania Blixen vor ihrer Farm in Kenia

»in seinen Fußspuren«; weiße Sohlen auf den Bürgersteigen, die sich 62-mal geschlossen zu einer Gedenktafel umdrehen; per Handy kann man passende Zitate aus Leben und Werk abrufen. Durchaus erschöpfend. Nach Karen Blixen aber, die in Kopenhagen als junges Mädchen in den Stadtpalais des Landadels getanzt, an der Kunstakademie studiert hatte und im Krankenhaus halb zu Tode operiert worden war, ist nur ein Café in der Abflughalle des Flughafens Kastrup benannt. Schön ist es nicht.

Als wollte Kopenhagen etwas gutmachen, hatte es an einem Oktobertag 2005 tausend Menschen zu einer Gala geladen, auf der ein neuer Dokumentarfilm über das Leben der großen Tochter gezeigt wurde: *Karen Blixen – Out of this World*. Die Bühne war geschmückt mit den gleichen meterlangen Liliensträußen, die Bli-

Das Wohnhaus am Fuß der Ngong-Berge bei Nairobi

xen auch auf einem Foto vor ihrer afrikanischen Veranda im Arm trägt: Memsahib, ganz in Weiß, Aristokratin, Scheherazade, Großwildjägerin, Entrepreneurin, Kaffeepflanzerin, eine Fremde, die nahe dran sein wollte und nicht nur das Land, sondern auch seine Bewohner als »eine wunderbare Bereicherung der Welt« liebte.

Auf ihre matriarchale, vorurteilslose und romantische Weise hätte Blixen eine frühe Vermittlerin zwischen Weiß und Schwarz sein können. Die Afrikaner »traten in mein Leben wie eine Art Antwort auf irgendeinen Ruf in meiner tiefsten Natur, vielleicht auf die Träume meiner Kindheit oder auf die Poesie, die ich vor langer Zeit so sehr bewundert hatte, oder auf die Emotionen und Instinkte, die tief in meinem Inneren verborgen schlummerten«, schreibt sie.

Das moderne Kenia zeigte sich an ihren Träumen jedoch nicht interessiert. »Sie waren froh, die Kolonialisten endlich los zu sein«, sagt Tove Hussein, eine der Kuratorinnen der alten Blixen-Farm am Fuß der Ngong-Berge, die heute ein Museum ist und in einem Vorort von Nairobi liegt. Das Filmteam, das dort *Jenseits von Afrika* drehte, hat einen Teil seiner Requisiten hinterlassen. Viele der Möbel, die nach dem Bankrott der Kaffeeplantage versteigert worden waren, standen damals jedoch in der Stadtbibliothek von Nairobi, die sie nicht herausrückte. »Das Museum ist heute eine Gans, die goldene Eier legt«, sagt Tove Hussein, »eine große Touristenattraktion mit 50.000 Besuchern im Jahr. Der Staat sieht das inzwischen auch so« und sorgt dafür, dass ihr Stall nun angemessen ausgestattet ist. Wer schon immer einmal wissen wollte, ob Denys Finch

Hatton so schön war wie Robert Redford (er war es) und ob die Baronin Blixen auf Safari tatsächlich solche Hüte wie Meryl Streep trug (sie tat es), findet in *Out of this World* reiche Augenweide. Dazu spielen schabend und engbrüstig Blixens alte Schallplatten, Schubert und Händel, *Die linden Lüfte sind erwacht* und *Where'er you walk,* die Arie, die der Geliebte ihr entgegenschmetterte, wenn sie vom Ausritt zurückkehrte.

sich Blixens Leben vom Ende her. Der Weg vom Bahnhof durch den Park führt an ihrem Grab vorbei: eine Steinplatte unter einer alten Buche. Eine rote Rose liegt darauf. Aus Kenia hatte sie ein Kistchen Erde mitgebracht, das sich hier mit der dänischen Erde vermischte. Schafe weiden in der Nähe, und durch eine Lücke im Wald sieht man die »Hörer-Eiche«, die Blixen für die Kronen-Stifter gepflanzt hatte. Am Weg

Out of Africa: Meryl Streep und Robert Redford    Blixen auf Safari, 1923    Blixens große Liebe: Denys Finch Hatton

Zur Gala in Kopenhagen geladen war auch Tumbo, der Hausboy und letzte Überlebende des afrikanischen Personals. Die Kuratorin Tove Hussein hatte den 85-Jährigen ausfindig gemacht. Nun schritt er, umflackert von Blitzlichtern, über den roten Teppich, in Anzug und Fez, und schwenkte lächelnd ein dänisches und ein kenianisches Papierfähnchen. Tumbo war zehn, als die Farm versteigert wurde und Blixen das Schiff nach Marseille nahm. Als er am Tag nach der Gala Rungstedlund besuchte, erkannte er die weiße Standuhr im Salon wieder, die jeden Freitag aufgezogen wurde, und die messingbeschlagene Kiste für die Schallplatten, ein Geschenk von Farah Aden, dem somalischen Butler. Was er nicht wiedererkannte, war der berühmte Wandschirm, der auf der Farm vor dem Kamin gestanden hatte und dessen Bemalung mit Palmen und Minaretten, Chinesen und Afrikanern die Erzählkunst der Hausherrin beflügelte. Tumbo hatte nicht zum erwählten Kreis ihrer Zuhörer gezählt.

Geschichten aus großem Kummer

Mit der Vorortbahn ist man in einer knappen halben Stunde von Kopenhagen in Rungsted Kyst und nähert

liegt der Blumengarten, der auch im Herbst in starken Farben leuchtet, und dann taucht über Schilfweiher und Wiese hinweg das weiße Haus unter seinem tiefgezogenen Ziegeldach auf.

Rungstedlund, eine ehemalige Gastwirtschaft, wo vor dreihundert Jahren »derbe Lieder und Späße abgefeuert, Zinnkrüge mit Schnaps und kecke Schankmädels durch die Luft geschwenkt wurden«, wie Blixen sich vorstellte, bildet ein L um einen gekiesten Hof mit Baum und Rundbank in der Mitte. Ein Glyzinienspalier reicht bis fast unter den Dachkennel. Im längeren Flügel – früher die Ställe und der Kornspeicher – werden Fotos und Exponate zu Leben und Werk gezeigt. Gewohnt hat sie im Ostflügel: ein holzgetäfeltes Schlafzimmer im ersten Stock; ein Arbeitszimmer mit eisernem Ofen und Blick auf den Sund im Parterre darunter. Mit wenigen Schritten war sie von dort an der Eingangstür und auf der steinernen Treppe zum Hof. Sie ging ihren Gästen gern entgegen.

Hier stand sie 1942, lächelnd, die Hand an der Klinke, sehr schmal, in geräumigen schwarzen Hosen und Plateausandalen. Nach dem Verlust der Farm in Afrika und dem Tod des Geliebten hatte sie in Dänemark wieder Wurzeln geschlagen. Sie schrieb *Seven*

Blick in das Arbeitszimmer auf Rungstedlund

gothic tales, Winter tales, Last tales, Babettes Fest – auf Englisch, der Sprache, die sie mit Finch Hatton geteilt hatte, und übersetzte sie später ins Dänische. Es muss ein tapferes, diszipliniertes, einsames Leben gewesen sein, und bevor Mutter und Tante starben, die sämtliche Paradezimmer bewohnten, für eine Memsahib auch ein sehr beengtes. Im Eckzimmer schrieb sie auf der Auszieplatte des Sekretärs und der alten Corona – nicht größer als ein Puppenkoffer –, auf der sie schon ihre Briefe aus Afrika getippt hatte. Zwischen den Fenstern hängt eins ihrer Bilder aus Kenia; ein Nashornvogel, und an den Wänden, wie eine Installation, gekreuzte Massai-Speere und Schilde; zwei Gewehre. Im Winter zog sie sich ins Innere des Hauses zurück, wo es etwas weniger scharf durch die Fensterritzen zog.

In Afrika hatte sie sich nach Dänemark gesehnt; in Dänemark war ihr Leben vom Heimweh nach Afrika und kleinen sentimentalen Ritualen geprägt: den gehauchten Küssen zu den Fotos von Denys Finch Hatton auf der Fensterbank, der täglich frischen Rose auf dem Schreibtisch, den Händel-Arien vom Plattenspieler und der Versammlung des Personals im Freien zur Begrüßung des Vollmonds. Auch in Kenia hatte sie geschrieben, in Rungstedlund blieb ihr gar nichts anderes übrig. »Manche Pflanzen müssen Mangel leiden, um zu blühen«, sagt Blixen-Fan Meryl Streep in dem Dokumentarfilm *Out of this World*. »Aus ihrem großen Kummer hat sie ihre Geschichten gemacht.«

Weiße Fahnen

Gastfreundlich, gesellig, neugierig, herrisch, besitzergreifend und, wie ein ehemaliger Liebhaber im selben Film sagt, »kein wirklicher Freund«, wurde sie zur Ikone, zum »Sammlerstück« und Rungstedlund zur

Blixen in den 50er Jahren

Kurz vor ihrem Tod 1962 in ihrem Haus in Rungstedlund

Bühne. Salon und Speisezimmer sind noch immer gerichtet, als erwartete sie Gäste aus aller Welt. Die alten Möbel schimmern; der Tisch ist mit Silber und Kristall gedeckt, die Sessel um den Kamin gerückt. Kostbare Spitzenvorhänge liegen neben den Fenstern wie Schleppen auf den polierten Dielen, bereit, sich bei Durchzug als dramatische weiße Fahnen zu blähen. Die Baronin Blixen, nach einer Magenoperation immer zerbrechlicher werdend, auf einer selbstverordneten Diät von Austern und Champagner, war der Star in diesem Ensemble; meist phantastisch behütet, immer extravagant geschminkt, weiß, schwarz, dunkelrot, selbst als sie alt und mumienhaft zerknittert war; fast nie ohne Zigarette. »Ich bin in Paris zur Kunstschule gegangen«, antwortete sie auf Komplimente zu ihrer Selbststilisierung. Das Foto, das sie in Hausjacke und Lesebrille am Tisch zeigt, hätte sie vermutlich nicht gern in der Zeitung gesehen.

ELSEMARIE MALETZKE, geboren in Oberhessen, war Redakteurin bei *Pardon*, *Titanic* und *Pflasterstrand*. Sie schrieb Biographien englischer Schriftsteller – die Geschwister Brontë, Jane Austen, George Eliot, Elizabeth Bowen, Elizabeth Barrett und Robert Browning –, arbeitet u. a. für die FAZ, *Die Zeit* und *Merian*. Sie lebt als freie Journalistin, Herausgeberin und Autorin mit den Schwerpunkten Garten und Reise in Frankfurt am Main.

»Es wäre eine falsche Authentizität«, sagt die Kuratorin Marianne Wirenfeldt Asmussen, »wenn wir hier ihre Bücher, Manuskripte und Stifte herumliegen ließen«, so wie es zu ihrer Zeit eben ausgesehen hat. Stattdessen schmückt sie Rungstedlund mit den gleichen opulenten Blumensträußen, wie Blixen es tat, die es kaum erwarten konnte, dass die Pracht welkte, um neue Bouquets aus Rosen und Kohlblättern, Akelei und wilder Möhre, blühenden Lindenzweigen und braunen Samenkapseln zu stecken. Der eigenartige Geruch der Phlox, der an Bratensoße und alte Frauen erinnert, füllt die Räume. Auf dem Schreibtisch steht eine rote Rose; täglich frisch.

Vom Arbeitszimmer führte Karen Blixen jeden Abend ein kleiner Gang vor die Tür und auf die Eingangstreppe. Sie warf einen Blick zum Himmel und fragte sich, ob es in den Ngong-Bergen wohl regnete. Gestorben ist sie am 5. September 1962 in dem schlichten, holzgetäfelten Zimmer im ersten Stock, dessen Fenster ein Stück vom Øresund rahmen. Da hatte sie schon bestimmt, dass der Psalm »Ich hebe meine Augen auf zu den Bergen, von welchen mir Hilfe kommt«, an ihrem Grab gelesen werden sollte.

GRÜNER ...

… WIRD ES NICHT

Kopenhagen gefällt sich als Øko-Metropole der Welt.
KARIN CEBALLOS BENTANCUR
unternahm einen Selbstversuch.

Der Himmel über Kopenhagen war grau an diesem Morgen. Regenschauer lackierten die Kopfsteinpflaster der Altstadt, wo Lampen in Cafés und Restaurants schon vor dem Frühstück ihr warmes, gelbes Licht auf den Trottoirs verteilten. Ich war nach Kopenhagen gekommen, um die Belastbarkeit eines Versprechens zu prüfen: Kaum eine andere Stadt der Welt präsentiert sich grüner, alternativer, um Nachhaltigkeit bemühter. Den Aktivisten von Copenhagenize.com zufolge fahren 55 Prozent der Hauptstadtbewohner Fahrrad und treten Kopenhagen damit an die Spitze der OECD-Staaten. Das Stadtparlament hat ein ambitioniertes Projekt verabschiedet, das vorsieht, den CO_2-Ausstoß als erste Metropole überhaupt bis zum Jahr 2025 vollständig zu neutralisieren – mit Energie aus Windkraft in den Häusern, Elektroautos in den Straßen. Und selbst Touristen sollen in Kopenhagen umweltverträglicher urlauben können als anderswo.

Um meine persönliche Öko-Bilanz gleich zu Beginn ins Plus zu katapultieren, hatte ich nach einem Leihfahrrad gesucht und dabei eine Möglichkeit gefunden, die Welt gleich doppelt zu retten: Baisikeli-Bikes, ein zugiger Laden im Tiefparterre, fünf Fußminuten vom Rathaus entfernt, verleiht stunden- und tageweise gebrauchte Fahrräder. Der Erlös kommt dem Aufbau einer nachhaltigen Fahrradindustrie in Afrika zugute, und auch die Räder selbst werden irgendwann nach Süden verschifft. Wann genau? »Wenn sie vielleicht nicht mehr so gut in Schuss sind, aber jedenfalls auch noch kein Schrott«, hatte der junge Mann vom Verleih gesagt. »Hier ist das Schloss, da sind die Bremsen. Viel Spaß.«

Das Damenrad der Kategorie Classic mit schwarzem Rahmen und freigekratzter Rahmennummer machte auf mich den Eindruck, als würde es schon sehr bald über afrikanische Straßen holpern. Aber es fuhr.

Ein von Polstern und Federn befreiter Sattel übersetzte das Idyll der krummen, unebenen Gassen der Innenstadt in Erschütterungen, die den Steiß schon nach wenigen Metern malträtierten. Dann fing es erneut an zu regnen.
Ökobilanz: CO_2-Ausstoß null, gutes Gewissen 100. Ein hervorragender Start.

Ich fuhr zurück zu meinem Hotel im früheren Rotlichtviertel Vesterbro, wo ich am Abend meiner Ankunft festgestellt hatte, dass in Kopenhagen auch nach Ladenschluss niemand auf Öko-Wein aus Südafrika und Entspannungsbäder von Weleda verzichten muss – Kioske befriedigen den Bio-Bedarf rund um die Uhr.

Am Empfang des »Bertrams Hotel Guldsmeden« stand Nikolas Hall, der Eigentümer, und ich sinnierte erneut darüber, warum man dem Mann auf Anhieb abnahm, dass ihn die Antwort auf die Frage nach dem eigenen Befinden tatsächlich interessierte. Womöglich lag es daran, dass er auch noch in der Lage war, den Vornamen eines jeden seiner Gäste in die Frage einzubinden.

Wir nahmen Platz im Nebenzimmer. Zum Frühstück gab es Jazz, fair gehandelte Getränke und in Honig getoastete Bio-Brotreste vom Vortag als krosse Müslibeigabe. Sein Hotel, sagte Hall, sei nicht einfach nur grün: »Das Bertrams ist dunkelgrün.«

In allen vier Hotels der kleinen »Guldsmeden«-Kette in dänischem Privatbesitz legt man Wert auf Nachhaltigkeit. Übersetzt ins Faktische heißt das: In den Badezimmern werden die Shampoo- und Duschgel-Flaschen mit organischem, biologisch abbaubarem Inhalt nachgefüllt, in allen Fassungen brennen Energiesparlampen, der Strom ist grün, und die Gäste werden höflich aufgefordert, ihren Müll zu trennen und für Papier gesonderte Eimer im ersten Stock zu benutzen.

Man müsse jedoch, sagte Hall, immer abwägen, bis auf welche Spitzen man sein Umweltbewusstsein treiben könne. Damals diskutierte er mit seiner Frau schon seit Wochen die Sache mit dem Wasser: Das Kopenhagener Trinkwasser, so Hall, sei zwar so sauber, dass man es völlig bedenkenlos vom Hahn trinken könne. Deshalb stellten die Halls ihren Gästen auch schlicht Karaffen aufs Zimmer, was nicht jeder Besucher goutierte. »Ich habe schon oft gesehen, wie jemand abends auf der anderen Straßenseite zwei Flaschen Wasser kauft«, sagte Hall. »Und da frage ich mich schon: Soll ich dem Ladenbesitzer von gegenüber dieses Geschäft überlassen? Soll ich meinen Gästen meine Vorstellungen wirklich aufzwingen?«

Die meisten Kunden, sagte Hall, kämen ohnehin nicht so sehr wegen der Nachhaltigkeit in sein Haus, sondern weil sie die informelle Atmosphäre schätzten. »Die Umweltverträglichkeit ist einfach noch ein weiteres Plus.« Dann entschuldigte er sich, wünschte einen schönen Tag und eilte über den Dielenboden zurück zum Empfang: An der Rezeption war ein neuer Gast aufgetaucht, der gefragt werden wollte, wie es ihm geht.

Ökobilanz: grüner Schlaf, grünes Frühstück und aus der Papierserviette noch ein Schiff gefaltet. 1 A.

Draußen war der Regen mittlerweile stärker geworden. Auf den breiten Fahrradwegen Richtung Norden traten Dänen mit aufreizender Unbeirrtheit und nassen Hosenbeinen in die Pedale, während mir die Schauer die Sicht raubten und ich kurzfristig mit dem Gedanken spielte, mein Fahrrad seinem Schicksal zu überlassen und mit einem herangewunkenen Taxi Öko-Harakiri zu begehen. Weiter fuhr ich am Ende wohl nur, weil ich mir vor den tapfer Tod und Tropfen trotzenden Radlern Kopenhagens keine Blöße geben wollte.

In Osterbro wirkten die Fassaden der Wohnhäuser gepflegter, die Auslagen der Geschäfte exklusiver und die Menschen unter den Regenschirmen stylisher als im proletarischen Südwesten der Stadt. Die Homepage des Touristenbüros hatte hier als einen von fünf Shoppingtipps auf einen Laden für fair gehandelte Accessoires aus Afrika hingewiesen. Aber an der fraglichen Hausnummer waren die Schaufenster mit Packpapier verkleidet.

Die nächste Adresse lag quasi nebenan, im Arbeiterviertel Norrebro, der schlampigen Schwester Osterbros. Bio-Läden grenzten an Waschsalons, vor denen Jugendliche mit tief ins Gesicht gezogenen Sweatshirt-Kapuzen bei laut wummerndem Hip-Hop das Ende des Schonwaschgangs abwarteten. »Closed« bedeutete ein Schild an der Tür zur kleinen Boutique »Makezenz – 100% organic Avant-Garde«. Aber die Tür ließ sich trotzdem öffnen. Auf vier Kleiderstangen hingen Röcke aus Bio-Baumwolle, Cardigans aus Seide und Kaschmir, reduziert um bis zu 80 Prozent.

Es sei, sagte eine der beiden Designerinnen, die im Nebenraum am Internetauftritt ihres neuen Labels bastelte, in letzter Zeit in ihrer Straße immer häufiger zu Schießereien zwischen den Hells Angels und Jugendbanden aus dem Viertel gekommen. Die Negativschlagzeilen aus den Zeitungen, sagte sie, hätten ihr Geschäft ruiniert. Als hinderlich dürfte sich allerdings auch erwiesen haben, dass die Boutique außer Bargeld nur dänische Kreditkarten akzeptierte. Gerne hätte ich eine hippe Existenz am Abgrund durch den Kauf einer Strickjacke unterstützt.

Ökobilanz: CO_2-Ausstoß immer noch neutral, gutes Gewissen: geht so.

Beim Essen fiel das mühsam erstrampelte Fazit noch ein wenig unbefriedigender aus. Das versprochene Bio-Eis unweit der gescheiterten Boutique wurde hier offenbar schon seit geraumer Zeit nicht mehr verkauft. Das im Internet beworbene Café »Chill Out« im schicken Quartier Frederiksberg hatte vier Monate zuvor aufgegeben. Jedenfalls erzählte das der Kellner im »Halifax-Burger«-Restaurant, das die Räumlichkeiten über einem Fitness-Studio übernommen hatte, und wies darauf hin, dass sie hier immerhin nur dänisches Fleisch verkauften. »Alles organisch – das ist wirtschaftlich einfach nicht zu machen.« Ihr Kaffee sei trotzdem fair gehandelt, sagte er. Und es klang ein wenig trotzig.

Bei »BioMio« in Kodbyen immerhin war es am Nachmittag gemütlich geworden, seit sich der Lunch-Ansturm gelegt hatte. Die Gäste waren von den langen, hohen Tischen in die gepolsterten Sitzecken im Kerzenschein umgezogen. »Wir involvieren Sie mehr in Ihr Essen«, hieß es auf der Karte. »Wir haben den Mittelsmann gestrichen und bringen Sie direkt an die Quelle.« Man hätte auch sagen können: das Prinzip Kantine eben. Kleine Logos wiesen die Gerichte wahlweise als Energie-, Hirn-, Vitamin- oder Alles-zusammen-Booster aus. Aber ich wollte mir den Hunger bis zurück in die Innenstadt bewahren.

Am Nyhavn, der kurzen Wasserzunge, auf der die Ausflugsboote schaukeln, gesäumt von bunten Giebelhäuschen, leuchteten die Fassaden im Laternenlicht in sattem Blau, Lila, Orange, Gelb und Brombeerrot. Das Restaurant »Cap Horn« hatte man im Netz als Öko-Pionier der Kopenhagener Gastronomie angepriesen. Vor dem Lokal pflückten junge Damen in dicken Mänteln Gäste von der Straße und begleiteten sie in den Innenraum, der mit seiner Steuerrad-und-Tau-Optik ein wenig zu laut Hafenromantik brüllte. Schwer zu sagen, ob vom früheren Anspruch tatsächlich nur das Brot und der Käse geblieben waren, die die Speisekarte als organisch auswies. Womöglich machte das Lokal einfach weniger Lärm um weitere ausgewählte Zutaten. Daran aber, dass sie lauwarm serviert wurden und selbst das Bœuf Bernaise sich nicht zu mehr als einem faden Geschmack aufraffen konnte, bestand kein Zweifel.

Ökobilanz: Das soll alles gewesen sein?

Draußen war es dunkel geworden. Ich beschloss, als letzte Etappe in den Südosten der Stadt zu fahren, in das kleine, widerständige Dorf Christiania, das hier auf dem Gelände einer alten Kaserne schon seit nahezu 40 Jahren seine Unabhängigkeit behauptet. Hier wurden bereits Kastenfahrräder gebaut und Solarzellen auf Dächer geschraubt, als Präfixe wie Bio und Öko im Rest der Stadt noch als bräsig galten.

An der matschigen Pusher Street versammelten sich am Abend all jene, die auf der Straße sitzen bleiben müssten, gäbe es nicht die »Woodstock-Bar«, wo sich das Hausrecht weder am äußeren Erscheinungsbild noch am Promillepegel der Gäste orientiert. Als ich den Raum betrat, hatten die ersten Gäste ihre Köpfe bereits zum Schlafen auf den Tischplatten abgelegt. Ein Mann mit Schnauzer begleitete die Doors auf seiner Mundharmonika, was deutlich souveräner klang als die Worte, die er in den Pausen zwischen den Musikstücken zu sprechen versuchte. Eine Frau mit welkem Haar lächelte glücklich ins Leere.

Christiania sei nicht überall so wie hier, sagte Einar, während er versuchte, sich aus der Umarmung seines Nebenmannes zu befreien. Das einst widerständige Dorf, sagte der Student, habe sich in weiten Teilen längst dem Rest der Stadt angeglichen. Oder umgekehrt. Im »Woodstock« allerdings sei die Atmosphäre freier, entspannter, liberaler als anderswo. »Schau dich um – so was gibt's sonst bestenfalls im Irrenhaus. Wunderbar!« Er habe auch Gras zu verkaufen, sagte Einar, oder ein paar Aufkleber von Amnesty International. Und sein Gesicht leuchtete im Raum wie der helle Flicken auf einer alten Arbeitshose.

Zwischen Tresen, Tür und Einar, in der Mitte des Raums, drehten zwei Männer ihre Körper mit rauschweichen Schultern im Kreis, auf durchgetretenen Dielen. Sie hielten Bierflaschen in der Hand, die Hausmarke »Christiania«.

Ökobilanz: 4,5 Prozent Alkohol, 100 Prozent økologisk.

KARIN CEBALLOS BETANCUR,
1972 geboren, lebt in Frankfurt und Hamburg.
Als freie Journalistin arbeitet sie unter anderem für
Die Zeit und die *Frankfurter Rundschau*.

JAN CHRISTOPHERSEN

Der Eisbär

Noch immer hatte er sie nicht entdecken können, aber irgendwo hier, zwischen der Straßenüberführung und dem Hot-Dog-Stand, mussten sie sein. So war es ausgemacht gewesen. Dem brennenden Pandabären begegnete er nun bereits zum zweiten Mal an diesem Morgen. Auch er schien seine Aktionsgruppe in dem Gewühl am Straßenrand nicht auffinden zu können. Die orangerote Stoffflamme, die von seinem Kostümkopf abstand, schaukelte bei jedem Schritt vor und zurück. Im Vorbeikommen grüßten sie sich wie alte Bekannte, ein Nicken von Panda- zu Eisbär.

»Down there«, sagte der Panda zu ihm, die Stimme gedämpft von all dem Fell, durch das sie hindurchmusste. »Your group.« Mit der Pfote deutete er die Straße hinunter.

»Tak for det.« Es war der einzige dänische Satz, den Till beherrschte, und soviel er wusste, steckte in dem Panda jemand vom dänischen WWF.

Wieder einmal also hatte es eine Planänderung gegeben. Sie standen woanders, näher am Bella Center, und ihn ließen sie in seinem Kostüm hier herumsuchen. Typisch war das. Ständig wurden neue Aktionen erdacht, hinzugenommen, im letzten Moment verlegt oder verworfen, alles Mögliche wurde da zusammenimprovisiert; dieser Kopenhagener Klimagipfel, ein einziger Affenzirkus. Das war nicht Tills Welt, und er konnte es insbesondere nicht begreifen, dass jemand in diesem Zusammenhang sein Handy ausgeschaltet ließ. Wie oft hatte er in der letzten halben Stunde versucht, Svea zu erreichen? Aber er hatte nur die immer gleiche Ansage zu hören bekommen: The person you are calling is not available – und er hatte doch nur ihre Nummer.

Kim war der Erste, den er von seinen Leuten sah, in grüner Windjacke, bunte Troddelmütze auf dem Kopf. »Siehst gut aus«, sagte Kim zu ihm, dabei war Till sicher, dass er nicht wusste, wer heute unter dem Kostüm steckte. Derlei Kleinigkeiten waren Kim egal, dem Organisator, auf dessen unklares Kommando hier alles zu hören hatte. Diesmal gab es zur Abwechslung eine deutliche Ansage von ihm: »Stell dich vorne mit in die Reihe. Ist gleich so weit.« Und Till landete an dem grellgelben Transparent, das die Gruppe ausgespannt vor sich hielt, Schrift Richtung Straße: CLIMATE JUSTICE. Es war die Losungsformel allüberall.

»Guten Morgen, mein Eisbär.«

Svea hatte sich hinter ihn gestellt, auch sie in grüner Windjacke, der Strickschal war über ihr halbes Gesicht gebunden.

»Morgen«, sagte er, bemüht, sich seine Aufgebrachtheit nicht anmerken zu lassen.

»Gleich müsste der Konvoi hier durchkommen«, sagte sie, während sie sich neben ihn in die Reihe drückte. »Gegen neun ist die Air Force One angeblich gelandet.« Beiläufig streichelte sie über seinen pelzigen Arm, er spürte es gar nicht bis auf seine Haut.

Vor ihnen, direkt hinter der Absperrung, hatten sich zwei Polizeiposten aufgebaut, die ihnen den Rücken zukehrten. Die Knöpfe in ihren Ohren schienen von Ansagen überzulaufen. Immer wieder pressten sie die Finger gegen ihre Ohrmuscheln, um den Funkverkehr besser verstehen zu können, und ständig blickten sie die Straße auf und ab. Überall standen Polizisten, die einer nach dem anderen ihre Arme ausbreiteten, als befürchteten sie jede Minute einen Ansturm von hinten, den sie mit vereinten Kräften abwehren mussten. Langsam schien es ernst zu werden.

»Dein Handy ist aus«, sagte er. »Ich habe die ganze Zeit versucht, dich zu erreichen.«

»Dann ist der Akku alle«, sagte Svea, und Till fühlte so etwas wie einen Stich, weil er sicher war, dass sie ihn damit angelogen hatte, wahrscheinlich zum ersten Mal.

»Warum hast du mich denn heute Morgen nicht geweckt, als ihr losgezogen seid?«

»Du hast so ruhig dagelegen. Und in der Nacht hast du geredet, die ganze Zeit. Ich dachte, du könntest etwas Schlaf gebrauchen.«

»Schlaf?«, fragte er. »Ist das dein Ernst?«

Sie antwortete nicht, aber so, als hätte sie nichts gehört. »Ist dir denn noch schlecht?«, fragte er.

»Was?« Sie stieß ihm in die Seite. »Kannst du dieses Bärengesicht nicht mal abnehmen, wenn du mit mir sprichst? Man versteht fast kein Wort.«

Er schob das Maul über sein Gesicht nach oben, sodass es wie ein Mützenschirm seine Augen beschattete, und als er sich Svea zuwandte und seine Frage wiederholen wollte, merkte er an ihrem abgelenkten Blick, dass etwas vor sich ging, hinter ihm, auf der Straße. Mehrere Polizisten eilten dort in Richtung der Straßenüberführung, riefen sich Anweisungen zu, Hektik in den Stimmen. Applaus war zu hören, Pfiffe. Dann sah er die langhaarige Gestalt in Army-Kleidung, die sich, professionell gesichert, vom Geländer abseilte. Unter ihm schwang ein Plakat hin und her. *Klimalømmel* stand da, nichts weiter. Das blonde Haar wehte im Wind, die Sonnenbrille spiegelte.

»Was für ein Quatsch«, sagte Till. Er kannte den Kerl, es war Mr. Strong. »Als ob die ihn da oben hängen lassen würden, bis Obama hier vorbeifährt.«

»Wenigstens macht er was«, sagte Svea.

»Großartig. Und wenn sie ihn unten haben, führen sie ihn ab. Tolle Aktion ist das.«

Es war nicht das erste Mal, dass sie uneins waren über diesen Mr. Strong. Till hatte ihm insgeheim den Namen verliehen, gestern Abend in Christiania. Mit glasigen Augen hatte Suse ihn an ihren Tisch im »Spiseloppen« bugsiert und auf einen der Stühle gedrückt. Aus England komme er, sagte sie vieldeutig, was ihn in ihren Augen offenbar heraushob, Profikletterer. Den Rauch seines Joints inhalierend, gab er ihnen nacheinander die Hand – »Marc, pleasure to meet you« –, und von diesem Augenblick an gehörte ihm allein das Gespräch am Tisch. Ausführlich erzählte er ihnen von den Aktionen, an denen er in den letzten Jahren beteiligt gewesen war, Davos, Heiligendamm, überall hatte er angeblich mitgemischt, in vorderster Linie, und wie nebenbei erwähnte er seine gute Freundschaft mit Bono, nice guy, good music. Diese zur Schau gestellte Selbstherrlichkeit war für Till schwer zu ertragen, er musste sich zusammennehmen und sich jedes Kommentars enthalten, vor allem da beide Mädchen unverständlicherweise an den Lippen dieses Kerls hingen. Wirklich? Mannomann. Bono. Suse lehnte verzückt an seiner Schulter und konnte ihre Hände nicht von dem durchtrainierten Bizeps nehmen, der aus dem Oberhemd hervorquoll. Till hoffte nur, dass Suse und dieser Mr. Strong bald von ihrem Tisch verschwinden würden; zweifellos hatten die beiden noch das eine oder andere miteinander vor in dieser Nacht. Sie küssten sich, als wären sie allein.

Es fehlte nicht viel, und Till hätte diesem Mr. Strong über den Tisch hinweg eine gelangt, einfach so, ohne Vorwarnung. Er wollte jetzt mit Svea allein sein, um sie endlich unter vier Augen zur Rede zu stellen. Hatte er sie da vorhin richtig verstanden? Kurz bevor die beiden Turteltauben ungebeten an ihren Tisch gekommen waren, hatten Svea und er ein Gespräch geführt, das auf eine Art geendet hatte, die ihm das Blut in den Kopf hatte schießen lassen.

»Du hast recht«, hatte Svea gesagt. »Wir kriegen das hin.« Sie hatte einen Schluck Tee genommen und ihn angesehen, lange. Ihre Hand hatte sie dabei unbeabsichtigt auf ihren Bauch gelegt und gelächelt.

Jetzt beugte Till sich zu ihr hinüber und hielt sie am Arm fest. »Was sollte das vorhin überhaupt heißen?«, fragte er und hoffte, dass die anderen es nicht mitbekamen. »Wir kriegen das hin? Wie meinst du das?«

»Du hast das doch gesagt.« Sie sah ihm direkt in die Augen, und er spürte, wie schockiert sie war. »Seit Tagen sagst du mir nichts anderes. Ich dachte, du willst.«

»Ja, sicher.«

Es stimmte, seine Worte waren das gewesen. Seit sie es wussten, hatte er wie automatisch die Rolle des Mutigen übernommen. Aber was hätte er auch anderes tun sollen? Svea war vollkommen aufgelöst vom Frauenarzt zurückgekommen und hatte auf eine Art geweint, wie er es noch nie erlebt hatte. Die Fahrt nach Kopenhagen hatten sie daraufhin verschieben müssen und waren nicht wie geplant zur großen Demonstration am vergangenen Wochenende hergekommen, sondern nur für die letzten zwei Tage der Konferenz. Eine fürchterliche Woche war das gewesen. Ständig hatte Svea sich übergeben, selbst noch mehrfach auf der Zugfahrt, und er hatte es auf die Sorgen geschoben, die sie sich um die Zukunft machte. Wie sollten sie es schaffen? Beide hatten sie ja erst vor einem Jahr mit dem

Studium begonnen, sie wohnten nicht einmal zusammen, Geld hatten sie keines, und wie ihre Eltern auf die Nachricht reagieren würden, konnten sie sich problemlos ausmalen. Dennoch hatte Till sich stark gegeben und ihr und sich Mut zugesprochen; vorhin hatte er sogar gesagt, dass er sich freue. Nun aber war ihm aufgegangen, dass er überhaupt nicht wusste, was er dachte. Es hatte keinen Moment gegeben, in dem er sich das hätte fragen können.

»Aber?« Svea ließ ihn nicht aus den Augen. »Was ist jetzt auf einmal?«

»Ich weiß nicht«, sagte er, und mehr war da nicht in seinem Kopf.

Ruckartig stand Svea vom Tisch auf und stieß dabei ihren Stuhl um. Till hielt ihn im letzten Augenblick fest. »Mir ist schlecht«, sagte sie.

»Ich bring dich in die Wohnung.«

»Nein, nein, bleib hier.« Im Wegdrehen schnappte sie sich ihre Jacke. »Hab Spaß.«

Die Polizisten hatten Mr. Strong mittlerweile von seinen Sicherheitsseilen befreit. Wie eine dunkelblaue Traube hatten sie sich um ihn zusammengezogen, man sah nichts mehr von ihm, und er wehrte sich nicht, als sie ihn abführten. Es gab kein Handgemenge, nur einige Buhrufe von den Seiten; alles lief ab wie unter Profis, die wussten, was jetzt geschehen würde. Das alles ließ Till erneut an den gestrigen Abend in Christiania denken, insbesondere an die letzten Worte, die Mr. Strong ihm nach einem Blick auf seine Armbanduhr mit auf den Weg gegeben hatte, auf Deutsch diesmal: »Du gehst jetzt besser.«

»Warum?«

»Mach's einfach.«

»Und kümmer dich um Svea«, hatte Suse ihm noch hinterhergeschickt, aber Till hatte nicht den Eindruck gehabt, dass Mr. Strong das gemeint hatte. Als er wenig später durch das Christiania-Tor auf die Straße getreten war, hatte er bereits die Einsatzwagen der Polizei gesehen, die hinter der Erlöser-Kirche um die Ecke bogen, Wasserwerfer, daneben eine dunkle Masse behelmter Männer. Eilig war er in die Dunkelheit verschwunden und in ein Gebüsch gesprungen, und dort hatte er während des gesamten Einsatzes zusammengekauert gesessen, bis er sich wieder hinaustraute. Der Lärm war ohrenbetäubend gewesen, Geschrei, zerplatzende Flaschen. Der Himmel über Christiania war von Feuerschein erleuchtet gewesen.

Hatte dieser Mr. Strong von dem Einsatz gewusst? Ein seltsamer Gedanke war das. Konnte das alles nur ein abgekartetes Spiel gewesen sein, genau wie diese Kletteraktion auf der Straße? Till beschlich das ungute Gefühl, dass alles um ihn herum im Begriff war, aus dem Ruder zu laufen.

Kaum war die Fahrbahn frei, kam ein Konvoi von Motorrädern herangefahren, Männer auf weißen Maschinen, weiße Helme und grellgelbe Signalwesten. Das war die Vorhut, die die Straße kontrollierte. Eine amüsierte, angespannte Ruhe herrschte an ihrem Abschnitt.

»Ich muss mit dir reden«, sagte Till zu Svea, die sich vorgebeugt hatte, um nach den Wagen der amerikanischen Delegation Ausschau zu halten. Ihre Schultern sanken ein, und kurz schloss sie die Augen, als müsste sie sich zusammennehmen.

»Was gibt es zu bereden?«

»Wir müssen das doch gemeinsam entscheiden. Du und ich.«

»Haben wir das nicht?«

Dunkle Geländewagen fuhren an ihnen vorbei, und auf Kims Handzeichen hin begann die Gruppe ihren Slogan zu skandieren: »Climate justice – act now!« Svea blickte sich um.

»Hör zu«, sagte sie. »Es gibt nur zwei Möglichkeiten. Entweder wir versuchen es, oder wir versuchen es nicht. Wenn wir es nicht versuchen, gibt es nur eine Art. Willst du das?«

Till sagte nichts.

»Weißt du, was ich nicht verstehe?« Sie wendete sich bereits wieder der Straße zu. »Ich verstehe nicht, dass du so tun kannst, als hätten wir eine Wahl.«

Till begann zu zittern, und er wusste nichts anderes zu tun, als sich das Eisbärenmaul zurück über sein Gesicht zu ziehen. Durch die winzigen Aussparungen für die Augen konnte er einen verschwindend kurzen Moment lang die zwei schwarzen Limousinen erkennen, an deren Kotflügeln die amerikanischen Flaggen zitterten. Ein Fenster war einen Spalt heruntergedreht, und jemand aus ihrer Gruppe rief: »Da, da ist er.«

JAN CHRISTOPHERSEN,
1974 in Flensburg geboren, studierte am
Deutschen Literaturinstitut Leipzig. Heute lebt er mit
seiner Familie bei Schleswig. Sein erster Roman
Schneetage, bei mare erschienen, wurde mit dem
Debütpreis des Buddenbrook-Hauses ausgezeichnet.

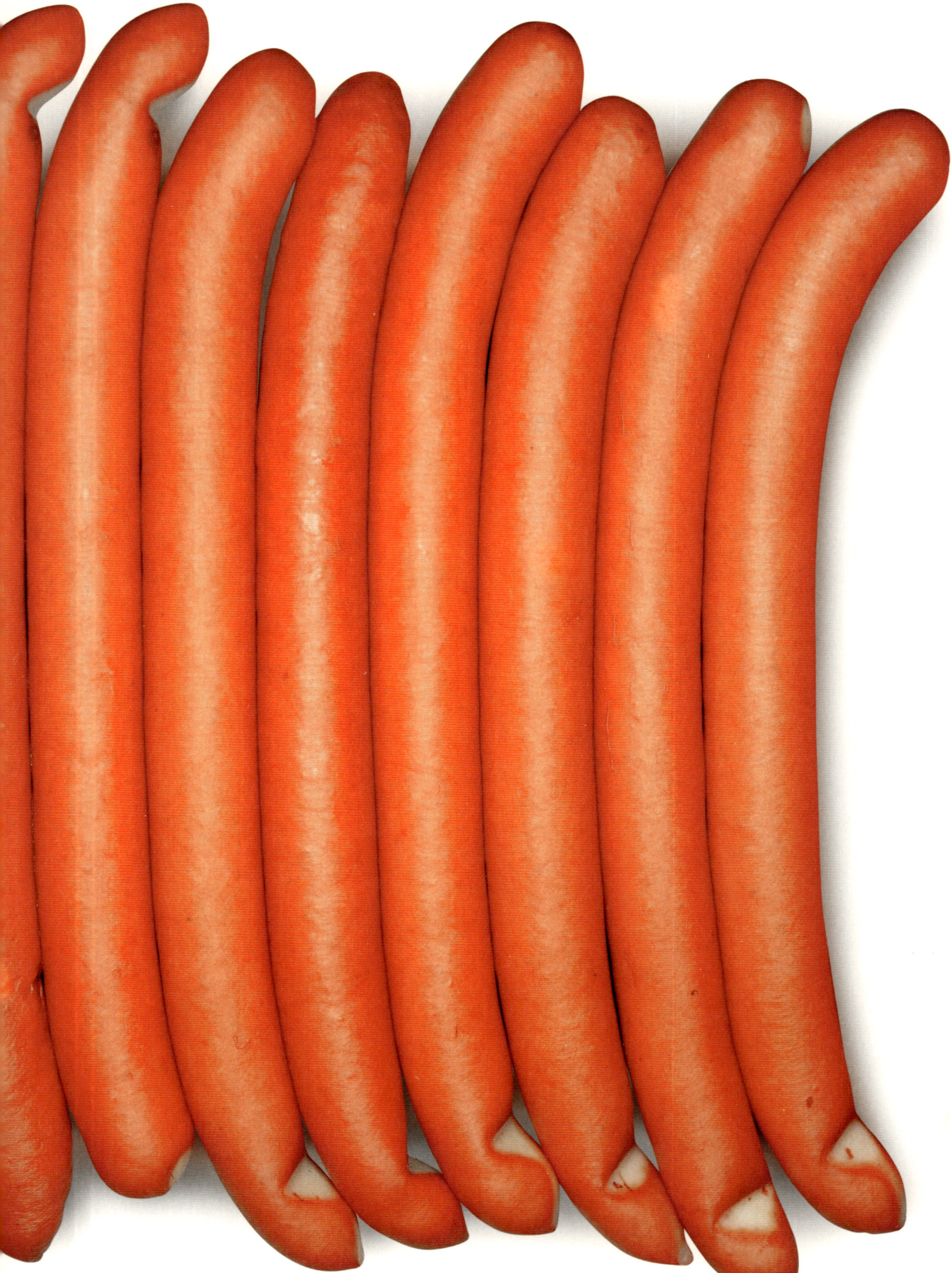

Heringstopf und Schweinebacke

Eine kleine Exkursion von HELGA OTHENIN-GIRARD *in die dänische Küche*

Es ist kein Kunststück, Elogen über die italienische oder französische Küche zu verfassen. Schon ein einfacher kampanischer Tomatensugo vermag bei Nordeuropäern spitze Ausrufe kulinarischen Entzückens hervorzulocken, die hochmütige Raffinesse in französischen Küchen wird indessen eher heimlich bewundert. Während die Düfte und Aromen des Südens inzwischen zu unserem Geschmackskanon gehören, wird die dänische Küche weitgehend ignoriert – von unseren Nachbarn ist nur bekannt, dass sie gern viel essen und trinken. Hochprozentig und kalorienreich geht es dabei her. Als Delikatessen vermutet man Hering oder Dorsch, je nach Gusto gekocht, mariniert oder gepökelt. Genaueres ist nicht bekannt. Selbst der Gemahl von Königin Margrethe II. zieht über die dänische Küche her. Prinz Henrik ließ verlauten, das Essen sei viel zu fett und liege enorm schwer im Magen. Solch harsche Töne aus royalem Mund sind in diesem Fall nicht verwunderlich: Der Prinz ist Franzose. Doch sieht es auf den Tellern unserer Nachbarn im Norden wirklich so erbärmlich aus?

Die dänische Küche gilt im Allgemeinen als so aufregend wie das Taubenfüttern im Park. Steinharte Frikadellen und grellorangene Würstchen, die *Pølser*, scheinen das kulinarische Vermächtnis eines Volkes zu sein, das sich selbst allzu gern in die kulturelle Bedeutungslosigkeit verdammt. Man steht fest im Glauben zusammen, vor lauter Mittelmäßigkeit nichts zum Geschick der Welt beizutragen – schon gar nicht in der Küche. Entsprechend haben sich die Essgewohnheiten in Dänemark seit Generationen wenig gewandelt. Traditionelle Elemente aus der vorindustriellen Epoche sind noch nicht vom Speiseplan verschwunden.

Gitte Kik, Küchenchefin des Restaurants »Skotskaelderen«, präsentiert: Smørrebrød

Leckerbissen wie eine mit Wasser gekochte Körnergrütze, in Fett gebratene Äpfel mit Schinkenspeckstückchen oder gekochter Kabeljau in Senfsoße erfreuen sich ungestörter Beliebtheit. Natürlich ist die Restaurantszene in Kopenhagen längst internationalisiert und genießt einen hervorragenden Ruf – in dänischen Haushalten wird weiter wie bei Muttern gekocht. Wenn es ums Essen geht, ist der Nordländer stur.

Dänemark ist vor allem Schweinezuchtland. Jährlich wachsen rund 25 Millionen Ferkel mehr oder weniger glücklich zwischen Nord- und Ostsee auf, somit kommen auf jeden Dänen etwa fünf Schweine. Das macht sich unweigerlich auf dem Speiseplan bemerkbar, Vegetarier sind aufgeschmissen. Spätestens wenn der Nordwind eisig über das platte Land weht, so stellt man sich gerne vor, rücken die Dänen bei Schweinebacke und Kartoffel enger zusammen. Sobald Fleisch und Erdäpfel in der unvermeidlichen braunen Soße ertrunken sind, setzt *Hygge* ein: Diese tranige Gemütlichkeit ist bei unseren nordischen Nachbarn ein täglich neu angestrebter Zustand, der Glückseligkeit verspricht.

Die Dänen lieben Fleischprodukte – bereits zum Frühstück. Schon beim *Morgenmad* vergnügt man sich bei kaltem Schweinebraten und knallrot gefärbter *Rullepølse*, einer fettigen Wurst mit dem uns vertrauteren Namen Salami. Nicht ohne Hintergedanken scheint das findige Völkchen rund um die Uhr derart gehaltvoll zu essen. Gleich ob nach *Frokost* oder *Middag*, dem dänischen Abendessen, gelingt die Verarbeitung der zugeführten Speisen ausschließlich mit Hilfe von eisgekühltem Aquavit oder würzigem *Gammel Dansk*. Hyggeligkeit stellt sich dabei wie von selbst ein.

Echte Meisterschaft erreicht die dänische Hausfrau indes beim Zubereiten von *Smørrebrød*. Dorsch, Krabben, Lachs und Hering werden mariniert, geräuchert, paniert oder gekocht auf gebuttertes Schwarzbrot drapiert. Kurzgebratene Fischfilets und Krebsfleischpyramiden mit einem Klecks Dillsahne gekürt oder mit Bouquets aus gedünsteten Champignons samt Trüffelkrone veredelt. Der Kreativität in der Kombination von Zutaten und Geschmack sind keine Grenzen gesetzt. Natürlich passt auch zum *Smørrebrød* ein kräftiges *Øl* oder ein kleiner *Snaps*.

Zimtschnecken, Frikadellen, Fisch und Schweinebraten

Noch üppiger geht es indes in den Auslagen der Bäckereien, Konditoreien und Patisserien zu. Die unzähligen Erzeugnisse der Konditoren haben Namen wie Othello, Sarah-Bernard, Wales oder Spandauer und sind vermutlich der Grund für die relativ geringe Lebenserwartung der Dänen. Ungehemmte Kalorienaufnahme, signifikante Fettanteile in den Nahrungsmitteln, kombiniert mit exorbitantem Nikotin- und Alkoholgenuss, werden als Ursache für deren frühen Tod ausgemacht. Die Regierung sah sich jüngst gezwungen, ihren Landsleuten an den Speck zu gehen, und verabschiedete die sogenannte Fettsteuer. Ab Juli 2011 werden fettreiche Lebensmittel teurer und die Dänen hoffentlich schlanker, das Gesundheitssystem entlastet.

Im ersten dänischen Kochbuch von 1616 steht zu lesen: »Die Küche ist die Strafe für unsere Sünden. Die Sintflut hat den Geschmack der Speisen verdorben. Deshalb muss der Mensch arbeiten, um diesem traurigen Zustand abzuhelfen.« Die Sünden sind zumindest in der Gastronomie längst verbüßt und verziehen. Eine neue Generation von Köchen wie beispielsweise René Redzepi, Rasmus Kofoed und Claus Meyer haben einen wahren Michelin-Sternenregen vor allem auf Kopenhagen fallen lassen. Sie experimentieren mit ungewohnten Aromen, haben den Mut zu raren Ingredienzien und spielen mit der Sehnsucht nach gesundem Essen. Die »Jungen Wilden« zaubern mit ausschließlich skandinavischen Produkten eine beeindruckende Vielfalt an Köstlichkeiten, setzen auf Nachhaltigkeit und begeistern Feinschmecker aus der ganzen Welt. Nordic Mad, nordisches Essen, statt französischer Cuisine. Sanddornsaft und Anisöl sind nun Bestandteile von Saucen, und plötzlich werden Lauchstücke vor dem Dünsten in Asche gewälzt.

Doch während in den Sternerestaurants marinierte Steinpilze auf gebackenen Mooswölkchen serviert werden, brutzelt in der Küche der Hausfrau immer noch die Frikadelle. Denn wie gesagt: Beim Essen zeigt sich der Däne stur.

HELGA OTHENIN-GIRARD,
s. S. 121

CORSO*folio* | Kopenhagen

H. C. Andersen

Zwei Genies an überschaubarem Ort

Immer wieder ist versucht worden, den Ursprung und die künstlerische Vielfalt des »Goldenen Zeitalters« in Dänemark zu Beginn des 19. Jahrhunderts zu erklären – zurück blieb stets ein Rest von Rätsel und Wunder. Von JOAKIM GARFF

Søren Aabye Kierkegaard, 1855

»Seht, Andersen, der kann das Märchen von den *Galoschen des Glücks* erzählen, ich aber erzähle das Märchen von dem Schuh, der drückt.« So hält es Kierkegaard 1847 metaphorisch in seinem Tagebuch fest, um den Wesensunterschied zwischen Andersen und sich selbst zu markieren – den einen sieht er als Hans im Glück, den anderen als Diagnostiker des Schmerzes. Die Frage ist allerdings, ob Kierkegaard sich hier nicht ausnahmsweise einmal eine Spur zu undialektisch ausgedrückt hat. Denn Andersen kannte die Höllenqualen des Missverständnisses und der Einsamkeit, und Kierkegaard konnte vorlaut, kapriziös und witzig sein – nicht ohne Grund schrieb er seine Magisterarbeit über den Begriff der Ironie.

Doch die Unterschiede zwischen den beiden sind tatsächlich gewaltig: Andersen ist der Proletarier aus der Kleinstadt Odense, der früh seinen Vater verlor und sich eng an die Mutter band. Bei Kierkegaard handelt es sich um den ökonomisch Privilegierten, der zwar sein Leben lang ein ambivalentes Verhältnis zu seinem schwermütigen Vater hatte, seine schlichte, muntere Mutter aber nicht mit einer einzigen Silbe erwähnt. Andersen will sich um jeden Preis aus der Unterschicht befreien und schreibt sich entschlossen die soziale Hierarchie hinauf; Kierkegaard versucht eher, durch eine immer deutlicher formulierte Solidarität mit dem gemeinen Volk die Grenze nach unten zu überschreiten. Zeitweilig wird er fast zu einer Art Straßenprediger.

Der Unterschied zwischen ihnen zeigt sich in der Art, wie sie mit den Tagebüchern, die beide ihr Leben lang führen, umgehen, wie sie ihre Eintragungen verstehen. Mit einer bisweilen ermüdenden Ausdauer lässt Andersen die Nachwelt teilhaben an den Mahlzeiten, die ihm serviert werden; er erzählt von den Herrenhöfen und Hauptstädten, die er besucht, von den Berühmtheiten, denen er begegnet, den unglücklichen Liebschaften, den nicht zu ertragenden Zahnschmerzen und den nicht unter Kontrolle zu haltenden Genitalien. Kierkegaard teilt nur wenig über die materiellen Umstände und praktischen Dinge mit, die eigentlich keine unwesentlichen Voraussetzungen für den Höhenflug des Geistes sind – und über sein Geschlechtsleben bleibt er buchstäblich zugeknöpft. Andersen, der ohne einen Reichstaler in der Tasche nach Kopenhagen kam und viele Jahre von seinem Schreiben leben und nach Mäzenen Ausschau halten musste, starb als außerordentlich wohlhabender Mann. Kierkegaard hingegen erbte mit fünfundzwanzig Jahren die Hälfte des bedeutenden Vermögens seines Vaters und musste nie einer geregelten Arbeit nachgehen. Doch seine letzten Lebensjahre verbrachte er in angemieteten Zimmern, nachdem er das väterliche Erbe durchgebracht hatte – mit hochherrschaftlichen Wohnungen, teuren Kutsch-

Papierphantasien von Hans Christian Andersen

fahrten, einem Stab von Dienern, Besuchen in Cafés und Restaurants, und mit allem, was noch dazugehörte, um ein Genie produktiv zu halten.

Dennoch, es gibt auch eine Reihe von Gemeinsamkeiten. Trotz beharrlicher Bemühungen um das andere Geschlecht blieben Kierkegaard und Andersen Junggesellen und frönten in ihren Briefen, Tagebüchern und seltsamen Träumen leidenschaftlich der platonische Liebe: Andersen phantasiert von der kühlen Sängerin Jenny Lind, der »schwedischen Nachtigall«, die ihn angeblich zu seinem Märchen *Die Nachtigall* inspiriert haben soll. Kierkegaard schreibt über Regine Olsen, eine entzückende Bürgerstochter, die er nach einer aufreibenden und skandalträchtigen Verlobungsaffäre verlässt, für die Geschichte aber bewahrt. Søren und Regine werden heute in einer Reihe mit so bekannten Liebespaaren wie Dante & Beatrice, Goethe & Charlotte, Kafka & Felice genannt – ewige Liebende, da sie sich in ihrer Zeit nie bekamen.

Andersen und Kierkegaard stehen darüber hinaus für eine Erneuerung der Schriftsprache, die sie um ein geradezu hörbares Element an gesprochener Sprache ergänzten. Lebendig und authentisch fließt die Umgangssprache direkt in ihre Werke ein – von der Straße, aus der Kneipe oder dem Kinderzimmer. Wenn sie schreiben, fabulieren sie bildreich und unvorhersehbar, assoziativ, mehrdeutig und psychologisch ihrer Zeit weit voraus. Gemeinsam ist ihnen die Spannweite der Gattungen, die bei Andersen Dramen, Romane, Märchen und Poesie umfasst, nicht zu vergessen den Scherenschnitt. Kierkegaard kategorisieren zu wollen, ist verwirrend, da er mal theologisch, mal philosophisch, dann wieder psychologisch, ethisch, ästhetisch oder gar in einer sechsten oder siebten Gattung schreibt – wohlgemerkt innerhalb eines einzigen Buches!

Und schließlich haben beide Herren keine Ahnung, dass sie einst Seite an Seite leuchten und häufig in einem Atemzug genannt werden. Ihre posthume Koalition liegt natürlich an der Genialität ihres Werks, doch auch an dem zufälligen geographischen Umstand, dass sie den größten Teil ihres Lebens in der gleichen Stadt verbrachten. Gezwungenermaßen mussten sie sich Kopenhagens intellektuelles Milieu teilen, mit dem beide gleichermaßen schlecht zurechtkamen. Um dies zu verstehen, bedarf es einer kleinen Erläuterung, die eine dritte Person mit einbezieht.

Wäre Johan Ludvig Heiberg zugeflüstert worden, dass der Tag kommen würde, an dem sein Name in Verbindung mit Andersen und Kierkegaard genannt wird, hätte er es vermutlich für einen schlechten Witz gehalten, denn natürlich verhielt es sich seiner Ansicht nach genau umgekehrt: erst Heiberg, dann – und zwar erst sehr viel später – die anderen. Als Dichter, Kritiker, Übersetzer, Zeitschriftenredakteur, Theaterautor und später auch Direktor des Königlichen Theaters war Heiberg das Nadelöhr, durch das sich jeder mühsam zwängen musste, der auf dem Kopenhagener Parnass zugelassen werden wollte. Bei Heiberg handelte es sich um den Inbegriff der dänischen Bildungskultur, er war der oberste Richter des guten Geschmacks, der wahre Liebhaber des Humanismus. Zu seinen Vorbildern zählte er das Universalgenie Goethe wie den philosophischen Vordenker Hegel. Hegel führte bei ihm zu einer Art Besessenheit und Offenbarung; durch Heiberg erfuhr die Kopenhagener Intelligenzia von dessen avanciertem Denksystem. Erst nach angemessener philosophischer Vertiefung durfte ein Billett für das Königliche Theater gelöst werden, in dem Heibergs Ehefrau Johanne Luise, die unbestrittene Primadonna dieser Zeit, die Bühne beherrschte und sich mit überwältigender Selbstverständlichkeit vom Kopenhagener Publikum vergöttern ließ.

Kierkegaard teilt an keiner Stelle mit, wie er sich in den Heiberg'schen Salons gefühlt hat oder wie oft er eingeladen war, doch der Kontrast zwischen der stickigen Genügsamkeit des väterlichen Heims und dieser leichten, kristallinen Geselligkeit hat ihm vermutlich einen Kulturschock versetzt. Dennoch oder gerade deshalb eignete er sich diese Lebensform an, verehrte die Hausgötter und übernahm Heibergs Vorurteile und Feindbilder. Zu ihnen gehörte dieser Andersen, dessen Theaterstücke in Heibergs Augen beinahe ebenso missglückt und befremdlich waren wie ihr Autor. Und sonderlich lange sollte es auch nicht dauern, bis sich eine der zahllosen Falltüren, die im übertragenen Sinn in dem anspruchsvollen Theaterhaushalt installiert waren, unter dem verzweifelten Andersen öffnete und ihn in den Orkus beförderte. In Hans Christian Andersens Tagebüchern und Briefen aus dieser Zeit lässt sich nachlesen, wie sein Verhältnis zu Heiberg zwischen Minderwertigkeitsgefühl und Irritation bis hin zu offenem Hass schwankt.

Es ist durchaus nicht auszuschließen, dass der Wunsch, Heiberg zu gefallen, für Kierkegaard ein wesentlicher Grund war, Andersen als Objekt seines Debüts als literarischer Kritiker auszuwählen. Nach einem Gespräch mit Kierkegaard ging Andersen davon aus, dass Kierkegaard ihn loben würde. Doch nachdem er Kierkegaards Buch gelesen hatte, taumelte er »wie in einem Dämmerzustand« umher und brauchte »kühlendes Pulver«, um wieder zu seiner mentalen Normaltemperatur zu gelangen. Kierkegaard veröffentlichte seine Andersen-Rezension am 7. September 1838 in Form eines Buches mit dem eigenwilligen Titel *Aus eines noch Lebenden Papieren. Wider seinen Willen herausgegeben von S. Kjerkegaard.* In dem neunundsiebzig Seiten umfassenden Text geht es um die Analyse von Andersens mangelnden Qualifikationen als »Romandichter« unter besonderer Berücksichtigung seines teilweise autobiographischen Romans *Nur ein Spielmann,* der im Jahr zuvor erschienen war. Die Rezension kritisch zu nennen, wäre eine Untertreibung, mörderisch ist sicherlich zutreffender. Kierkegaard greift Andersens künstlerische Unsicherheit an – »jenes Zittern der Hand, welches zur Folge hat, dass seine Schreibfeder nicht bloß Krakel macht, sondern auch Krakeel« – und kritisiert die Sentenzen von »Dichtern zweiten, dritten usw. Rangs«, die Andersen über die einzelnen Kapitel setzt, wodurch seine Romane wie »Fabrikware« aussähen. Am schlimmsten jedoch sei der Mangel an notwendiger »Lebensanschauung«, dadurch gelinge es Andersen nicht, seine Hauptperson Christian glaubwürdig erscheinen zu lassen. Christian wird als missverstandenes Genie geschildert, in Kierkegaards Augen wirkt er allerdings eher wie eine »Heulsuse«; er ist ein »armseliger Tropf«, der furchtbar viel Leid erleben muss, bevor er endlich, gottlob, zugrunde geht. Durchaus verständlich, dass Andersens Temperatur an diesem Tag im September 1838 um einige Grade anstieg.

Kierkegaard gelang es offensichtlich nicht, mit seiner Kritik an Andersen Heibergs Anerkennung zu erringen. Knapp zwei Wochen nach Veröffentlichung seines monumentales Werks *Entweder-Oder* rezensierte Heiberg das Buch ähnlich vernichtend, wie Kierkegaard Andersens Roman fünf Jahre zuvor kritisiert hatte. Auch diesmal sind Hybris und Nemesis durchaus nicht aus der Mode. Heiberg nennt das Buch ein »Monstrum« und macht sich über den Titel lustig: »Man fühlt sich seltsam ergriffen bei dem Titel, man appliziert ihn auf sein eigenes Verhältnis zu diesem Buch und fragt sich: ›*Entweder* soll ich es lesen, *oder* soll ich es lassen?‹« Doch wo Andersen sich mit kühlenden Mitteln behelfen muss, greift Kierkegaard zum Stift und geht öffentlich mit Heiberg ins Gericht. Vier Tage nach der gehässigen Rezension kanzelt er ihn in einem längeren Zeitungsartikel ab, der in Kopenhagen für einige Bestürzung sorgt, denn gegen Heiberg erhob nur ein Selbstmordkandidat Einspruch. Wie aufgebracht Kierkegaard tatsächlich war, zeigen einige Tagebucheinträge, in denen er versucht, seine verletzte Eitelkeit zu ironisieren, und

Basilika Saint-Pierre und Spanische Treppe in Rom,
Zeichnungen von H.C. Andersen

zwei hämische Zeilen, die in voller Länge wiedergegeben werden sollen, da es sich um das einzige Gedicht handelt, das Kierkegaard je geschrieben hat:

»Prof. Heiberg ist eine Kunstfigur.
Wide-wide-witt-bum-bum.«

Das problematische Verhältnis zu Heiberg lässt Kierkegaard und Andersen zu Außenseitern werden – sowohl geistig wie physisch. *Geistig,* weil der intellektuelle und ästhetische Kreis um Heiberg sie ausschloss; *physisch,* weil sie sich genötigt sahen, sich aus dem Zentrum zurückzuziehen und andere Wege zu finden. Andersen reiste in die Welt. Vermutlich hätte er das auch getan, wenn das Verhältnis zu Heiberg nicht zu einer Belastung geworden wäre, doch allein Heibergs Existenz war ein vortreffliches Mittel gegen Heimweh. Andersen war häufiger und länger unterwegs als die meisten seiner Zeitgenossen, insgesamt verbrachte er nicht weniger als zehn Jahre außerhalb der Grenzen seines Vaterlandes. Er bereiste nicht nur die skandinavischen Länder, sondern auch Deutschland, Frankreich, Belgien, Schweiz, Österreich, Italien, Spanien, Portugal, Marokko, Malta, Griechenland, Türkei, Rumänien, Bulgarien, Serbien, Ungarn, die Tschechei, Polen, England und Schottland. In seinem Roman *Eines Dichters Bazar* aus dem Jahr 1842 beschreibt er enthusiastisch seine erste Zugfahrt in Deutschland, bei der eine Geschwindigkeit von fünfunddreißig Kilometern in der Stunde erreicht wurde; jetzt war er überzeugt, zu wissen, was es heißt zu fliegen! Und was es heißt zu leben. »Reisen heißt leben«, schrieb er, längst ein geflügeltes Wort.

Kopenhagen vergaß Andersen dabei nie, und in seinen Romanen, Märchen, Tagebüchern und Briefen ist zu verfolgen, wie die kleine Festungsstadt sich von ihren einengenden Wällen befreite und – angeregt durch Paris und Wien – zu einer modernen Großstadt entwickelte, deren breite, von Gaslaternen beleuchtete Boulevards von Omnibussen und Straßenbahnen befahren wurden, dem Verkehr der neuen Zeit.

Kierkegaards geographischer Radius war im Vergleich dazu bescheiden und steht in einem eigentümlichen Kontrast zu seinem heutigen weltweiten Ansehen. Nachdem er 1840 sein theologisches Staatsexamen bestanden hatte, brach er zu einer Art Pilgerreise in den Geburtsort seines Vaters auf, nach Sædding in Westjütland. Darüber hinaus bestanden seine Reiseaktivitäten lediglich aus einer zweitägigen Spritztour nach Schweden und vier Reisen nach Berlin, auf denen er sich den größten Teil der Zeit im Hotelzimmer mit seinen Manuskripten beschäftigte und die Stadt nur oberflächlich kennenlernte. Abgesehen von kostspieligen Kutschfahrten zu Gasthäusern in Nordseeland, war Kierkegaard ein wahrer Meister in der Kunst, die Koffer ungepackt zu lassen. Er suchte Trost in der umgekehrten Version von Andersens Diktum: zu schreiben heißt reisen. An einer Stelle spricht Kierkegaard von einem Menschen, »der nichts in der Welt gesehen und nur eine Inlandsreise in sein eigenes Bewusstsein unternommen hat« – eine Beschreibung, die sich ohne weiteres auf den Autor übertragen lässt.

Und so, wie er auf seiner »Inlandsreise« genügend Stoff sammeln konnte, um die existenzphilosophischen Werke zu schreiben, die ihn zum Vater des Existenzialismus werden ließen, genügte ihm Kopenhagen, um seine Schriften mit Lauten, Licht und Leben zu füllen. Kierkegaard kannte die Stadt wie seine eigene Hosentasche, vielleicht sogar noch besser. Einige erhaltene Rechnungen seines Schuhmachers belegen, wie er die Stadt buchstäblich abgelaufen ist. Zeitweilig trug er eine besondere Art von Stiefeln mit eingelegten Korksohlen, die vermutlich die schwächlichen Beine schonen sollten; gleichzeitig passten sie aber zu diesem selbsternannten »Polizeispion«, der lautlos federnd durch die Stadt schlich und seine Beobachtungen anstellte. Denn Kopenhagen wurde von vorzüglichen Studienobjekten aller Art bevölkert: Verrückte, Geniale, Zurückgebliebene und Prachtexemplare ergaben eine pulsierende, psychologische Versuchsanordnung jenseits des kleinkarierten, klinischen Normalitätsbegriffs späterer Zeiten.

Kierkegaard war sicherlich bewusst, dass Motion und Inspiration sich nicht nur reimen, sondern Ersteres auch die Voraussetzung für das Zweite sein kann. »Verlier vor allem nicht die Lust zu gehen«, schreibt er 1847 an seine Schwägerin Henriette. »Ich gehe jeden Tag um des täglichen Wohlbefindens willen und um jeder Krankheit zu entgehen; ich habe meine besten Gedanken erlaufen, und ich kenne keinen Gedanken, der so schwer ist, dass man ihm nicht entgehen könnte. (…) Wenn man auf diese Weise weitergeht, wird es schon gehen.« Kierkegaard ging jedoch nicht nur, um seine physischen Unpässlichkeiten und seine düsteren Gedanken hinter sich zu lassen, sondern auch, weil ihn ein ganz elementares soziales Bedürfnis trieb. Er brauchte sein tägliches »Menschenbad«, wie er es nannte. Er hatte die Angewohnheit, seine Mitspazierenden unter den Arm zu fassen, was dem Spaziergang eine gewisse Intimität verlieh. Eine Intimität, die das Bild von dem unverbesserlichen Privatmenschen, der Angst vor körperlichem Kontakt hatte, doch erheblich korrigiert.

Allerdings war es nicht einfach, mit ihm Schritt zu halten, denn durch seinen schiefgewachsenen Körper und seine heftige Neigung zum Krebsgang bestand das Risiko, gegen ein Haus, in einen Kelleraufgang oder vom Bürgersteig in den offenen Rinnstein gedrängt zu werden. Ein Geist ging hier spazieren, ein dialektischer Geist, der viele Zickzack-Spuren auf dem Bürgersteig hinterließ.

Wenn er sich in den Kopenhagener Straßen bewegte, war er »der Eingeschlossene, den alle kannten«, wie es der dänische Literaturkritiker Georg Brandes präzise und paradox zugleich formulierte. Im Gegensatz zu den meisten akademischen Bürgern der Stadt ließ Kierkegaard sich mit jedermann auf ein Gespräch ein, ungeachtet des sozialen Status. Im Frühjahr 1846 war es damit allerdings vorbei, nachdem Kierkegaard in einem gewissen polemischen Übermut das satirische Blatt *Corsaren* herausgefordert hatte. Zu seinem Entsetzen reagierte die Zeitung mit polemischen Texten

Kierkegaard auf einem Spaziergang durch Kopenhagen

und diffamierenden Zeichnungen, die ein Männlein mit ungleich langen Hosenbeinen zeigten. Das billige dänische Hohngelächter zerstörte nicht nur Kierkegaards Verhältnis zu seiner Geburtsstadt; künftig sollte er die Presse und die Journalisten verabscheuen, deren mangelnde Moral und verantwortungslose Willkür er elegant und giftig in seinen Tagebüchern aufspießte. Früh erkannte er, wie die Presse davon lebt, ihre eigenen Geschichten zu erfinden und am Leben zu erhalten, die als gut bezeichnet werden, weil sie in Wahrheit böse sind. Als ein moderner Prophet hatte er die Phantasie, sich Kommunikationsformen der Zukunft vorzustellen: »Angenommen, jemand würde ein Instrument erfinden, ein bequemes kleines Sprachrohr, das doch stark genug wäre, um im ganzen Land gehört zu werden: Würde die Polizei es nicht verbieten lassen, aus Furcht, die gesamte Gesellschaft könnte wahnsinnig verstört werden, wenn man es anwendete?«

Die Polizei hat so etwas bekanntlich nicht verboten, und heute haben wir Sprachrohre und Bildröhren, die unseren Alltag bis in die intimsten Details bestimmen. Kierkegaard hat es vorausgesehen: »In Deutschland hat man sogar Handbücher für Liebende, und es wird noch damit enden, dass ein Liebespaar anonym miteinander reden kann.« Hat da jemand etwas von Chat gesagt?

Andersen hingegen verhielt sich vergleichsweise unbekümmert gegenüber dem technischen Fortschritt. Er zeigte sich fasziniert von der Dampflokomotive und schrieb ebenso begeistert über Elektromagnetismus, Straßenbeleuchtung oder Fesselballons. Kaum jemand hat sich mit größerer Bereitwilligkeit als er vor das magische Auge des Fotoapparats gestellt; Kierkegaard hat es nie getan. Den größten Eindruck machte auf Andersen aber vermutlich der Blick durch die Linsen eines Mikroskops, als er das erstaunliche Leben beobachtete, das sich in einem gewöhnlichen Wassertropfen verbarg. »Welch eine Märchenwelt entfaltet sich unter dem Mikroskop, wenn wir sie in unsere Menschenwelt überführen«, notierte er 1844 mit angehaltenem Atem. Diese künstlerischen Möglichkeiten verwirklichte er drei Jahre später in dem kurzen Märchen *Der Wassertropfen* über Kribbel-Krabbel, der gemeinsam mit einem namenlosen Zauberer ein Vergrößerungsglas über einen Wassertropfen aus dem Straßengraben hält: »Es sah wirklich aus wie eine ganze Stadt, in der alle Menschen ohne Kleider herumliefen! Es war schauerlich, aber noch schauerlicher war es, zu sehen, wie der eine den anderen puffte und stieß, wie sie sich zwickten und zwackten, einander bissen und rissen. Was unten war, sollte nach oben, und was oben war, nach unten!« Als Kribbel-Krabbel den Zauberer bittet, ihm zu erklären, was sie sich da ansehen, erhält er prompt eine Antwort: »›Das ist leicht zu erkennen!‹, sagte der Zauberer. ›Das ist Kopenhagen oder eine andere große Stadt – die sehen doch alle gleich aus.‹« In der letzten Zeile entgegnet Kribbel-Krabbel allerdings lakonisch: »Es ist Grabenwasser!«

Der Zauberer und Kribbel-Krabbel haben beide recht: Unter der romantischen Oberfläche glichen die Verhältnisse in Kopenhagen zur Verwechslung den anarchistischen Zuständen im Wassertropfen, wo gezwickt und gezwackt wird, dass Arme, Beine und andere Körperteile in alle Richtungen fliegen. Andersens Märchen enthüllt die Rivalität als einen fundamentalen Bestandteil menschlicher Umgangsformen. Doch so etwas sagte man nicht laut im »Goldenen Zeitalter«, dessen Ideale geprägt waren von Harmonie, Ordnung und Vertrauen in den Triumph der Vernunft.

Umso interessanter, dass Kierkegaard zu denselben sozialpsychologischen Einsichten kommt wie Andersen, nur heißen seine Kribbel-Krabbels Masse, Menge, Neid und Nivellierung. Der ehemalige Respekt vor übergeordneten Instanzen, sozialen wie religiösen, ist laut Kierkegaard ersetzt worden durch die Furcht, sich von *den anderen* zu unterscheiden und nicht mehr zum Durchschnitt zu gehören. Gottesfurcht hat man gegen die Furcht vor den Menschen eingetauscht.

Andersens diabolischer Wassertropfen und Kierkegaards Rivalitätsdiagnose erfassen das intrigante und ambitiöse Milieu rund um Heiberg, mit dem die beiden genialen Außenseiter geradezu zwangsläufig brechen mussten. Immer wieder hat man sich gewundert oder auch geärgert, warum Andersen und Kierkegaard sich in ihrer Kritik an der Cliquenbildung, dem Snobismus und der Verstellung – die sie innerhalb ihrer eigenen Werke so meisterlich entwickelten – nicht verbündeten. Doch die offene Frage bleibt, wer von den beiden den anderen am wenigsten verstand; ein Gespür für Andersens Märchen hatte Kierkegaard jedenfalls nicht. »Andersen hat keine Idee, was ein Märchen ist, was soll er auch mit Poesie, er hat ein gutes Herz, das reicht«, soll er eines Abends zu seinem Sekretär Israel Levin im Schlossgarten von Frederiksberg gesagt haben, um dann mit einer dämonischen Bildkraft selbst »sechs, sieben Märchen« zu konzipieren, dass Levin geradezu »unheimlich zumute« wurde.

Andersen hat ein gutes Herz, das reicht, mehr braucht es nicht, weder Märchen noch Poesie – so weit Kierkegaard, der wusste, wo der Schuh drückt. Eigentlich eine seltsame Bemerkung, da sie bei Licht besehen viel von Andersen spiegelt: Denn das gute Herz könnte durchaus ein Tor zu seinen gesammelten Märchen sein. Und obwohl Andersen und Kierkegaard auch in den folgenden Jahren persönlich nicht viel miteinander zu tun hatten, ging ihr gutes Herz doch hin und wieder mit ihnen durch: 1848 ließ Andersen Kierkegaard eine Ausgabe seiner *Neuen Märchen* mit

H. C. Andersen lebt ...

der Dedikation überbringen: »*Entweder* gefallen Ihnen meine Sachen *oder* sie gefallen Ihnen nicht; sie kommen ohne *Furcht und Zittern,* und das ist doch schon etwas.« Im Jahr darauf revanchierte sich Kierkegaard – allerdings ohne weitere Dedikationsumstände – mit einem Exemplar von *Entweder-Oder,* worauf Andersen überglücklich den Empfang bestätigte: »Lieber Herr Kierkegaard! Sie haben mir eine richtig große Freude bereitet, indem Sie mir *Entweder-Oder* schickten! Ich war sehr überrascht, wie Sie sich vorstellen können, ich hatte es überhaupt nicht für möglich gehalten, dass ich in einer freundlichen Weise in Ihren Gedanken vorkomme, doch nun sehe ich es! Gott segne Sie dafür! Danke, danke! Ihr von Herzen innerlich ergebener H. C. Andersen.«

Andersens Hingabe war tatsächlich mehr als Rhetorik, denn er nahm am Sonntag, dem 18. November 1855, an der Beisetzung Kierkegaards in der Vor Frue Kirke in Kopenhagen teil. Aus einem Brief, den er hinterher dem Ballettmeister August Bournonville schrieb, geht hervor, dass die Zustände in der Kirche nahezu chaotisch gewesen sein müssen. »Damen mit roten und blauen Hüten liefen raus und rein«, wusste Andersen zu berichten, zudem hatte er »Hunde mit Maulkörben« gesehen. Durch seinen radikalen Bruch mit der dänischen Volkskirche und ihren Pastoren hatte Kierkegaard sich mit dem Klerus angelegt und sein Begräbnis zu einer komplizierten Angelegenheit werden lassen, der die meisten Würdenträger fernblieben. Dennoch war die Kirche voll, weil sogenannte gewöhnliche Menschen, die Kierkegaard von der Straße her kannten, ihm die letzte Ehre erweisen wollten. Darunter eben auch dieser Andersen mit dem guten Herzen.

JOAKIM GARFF
studierte Theologie und arbeitet seit 1994 am Søren Kierkegaard Forskningscenteret in Kopenhagen. Von 1992 bis 1999 war er Vorsitzender der Søren Kierkegaard Selskabet. Joakim Garff war an der Herausgabe der Schriften Kierkegaards beteiligt und hat mehrere Bücher über Kierkegaard veröffentlicht, u. a. die Biographie *Kierkegaard* bei Hanser. Garff untersucht derzeit den Bildungsbegriff bei Kierkegaard.

Aus dem Dänischen von Ulrich Sonnenberg

København

Som fugle, der flyver i Natten
      med dæmpede Vingeslag,
mærker jeg dine Drømmes
      Flugt mod den unge Dag,
og jeg aner dit Væsens Godhed
      som en Undren, der altid er ny,
skønt dit ansigt bestandig skifter,
      min store, levende By.

Hvad drømmer du om, nu da Vaaren
      har løsnet dit tunge Haar?
Er du for ung til at elske?
      En Pige paa sytten Aar?
Eller sover du hvid af Længsel
      i Aprils urolige Nat,
med din Mund mod de vaade blomster,
      der er ved dit Leje sat?

Selv dine slanke Taarne
      sitrer mod Rummets Blaa.
Maanen lyser af Lykke
      og ved hvad du trenker paa.
Elskende trykker sig bange
      ind mod din lune Favn,
og Smaabom vaagner i Merket
      og kalder dig sagte ved Navn.

Med bløde, puslende Lyde
      slaar Bolgerne, halvt i Drøm,
mod Havnens lænkede Skibe,
      der længes mod Havenes Strøm,
og Raadhusurets dybe,
      klingende Klokkespil,
er dit store, bevægede Hjerte,
      der sanser at Somren er til.

Du strækker dig træt i det bløde
      Lys mellem Nat og Dag.
Solen sender sin Flamme
      mod Borsens irgrønne Tag,
og Langebro duver i Staalet
      for en Bryggerhests søvnige Trav,
de krigsglemte Skibe vaagner
      og længes mod Hav, mod Hav.

Ogsaa du har en Vemod i Smilet,
      men Sorg gør dig mere skøn.
I de lyse, nordiske Nætter,
      naar Bøgen staar vild og grøn,
gemmer vi os ved dit Hjerte
      og drømmer dig ung og fri,
saa længe din Lykke er vores,
      er ingenting helt forbi.

TOVE DITLEVSEN

Kopenhagen

Wie Vögel, die nächtens fliegen,
    gedämpften Flügelschlags,
spür ich den Flug deiner Träume
    hin zu dem jungen Tag,
und ich ahne: Dein Wesen ist Güte,
    ein Erstaunen, jedesmal neu,
obwohl dein Gesicht sich stets wandelt,
    meine große, lebendige Stadt.

Wovon träumst du, jetzt, da im Frühling
    dein schweres Haar sich gelöst?
Bist du zu jung, um zu lieben,
    mit siebzehn Jahren zu jung?
Oder schläfst du, weiß vor Sehnsucht,
    in unruhiger Nacht, im April,
deinen Mund auf den nassen Blumen,
    die um deine Bettstatt stehn?

Sogar deine schlanken Türme
    zittern im Blau des Raums.
Der Mond, er leuchtet vor Glück auch,
    er weiß schon, woran du denkst.
Liebende drücken sich ängstlich
    an deinen warmen Schoß,
und Kinder erwachen im Dunkel,
    deinen Namen rufen sie leis'.

Mit weichen, puschligen Tönen
    schlägt das Wasser, halb im Traum,
an gefesselte Schiffe des Hafens,
    sie drängen ins Strömen, ins Meer,
und die Rathausuhr mit dem tiefen,
    klingenden Glockenspiel,
dein großes, bewegtes Herz ist sie,
    das spürt, dass es Sommer gibt.

Du streckst dich müde im weichen
    Licht zwischen Nacht und Tag.
Die Sonne schickt ihre Flamme
    auf den Grünspan des Börsendachs,
und ein Brauereipferd trabt schläfrig
    und erschüttert die Langebro,
die kriegsvergessenen Schiffe sind wach
    und wach ihre Sehnsucht nach Meer.

Auch du hast Wehmut im Lächeln,
    doch Trauer macht dich erst schön.
In den hellen nordischen Nächten,
    die Buche steht wild und grün,
verstecken wir an deinem Herzen uns
    und träumen dich jung und frei,
solange dein Glück auch unseres ist,
    so lange ist nichts ganz vorbei.

TOVE DITLEVSEN
*Erstmals ins Deutsche übertragen
von Hanns Grössel*

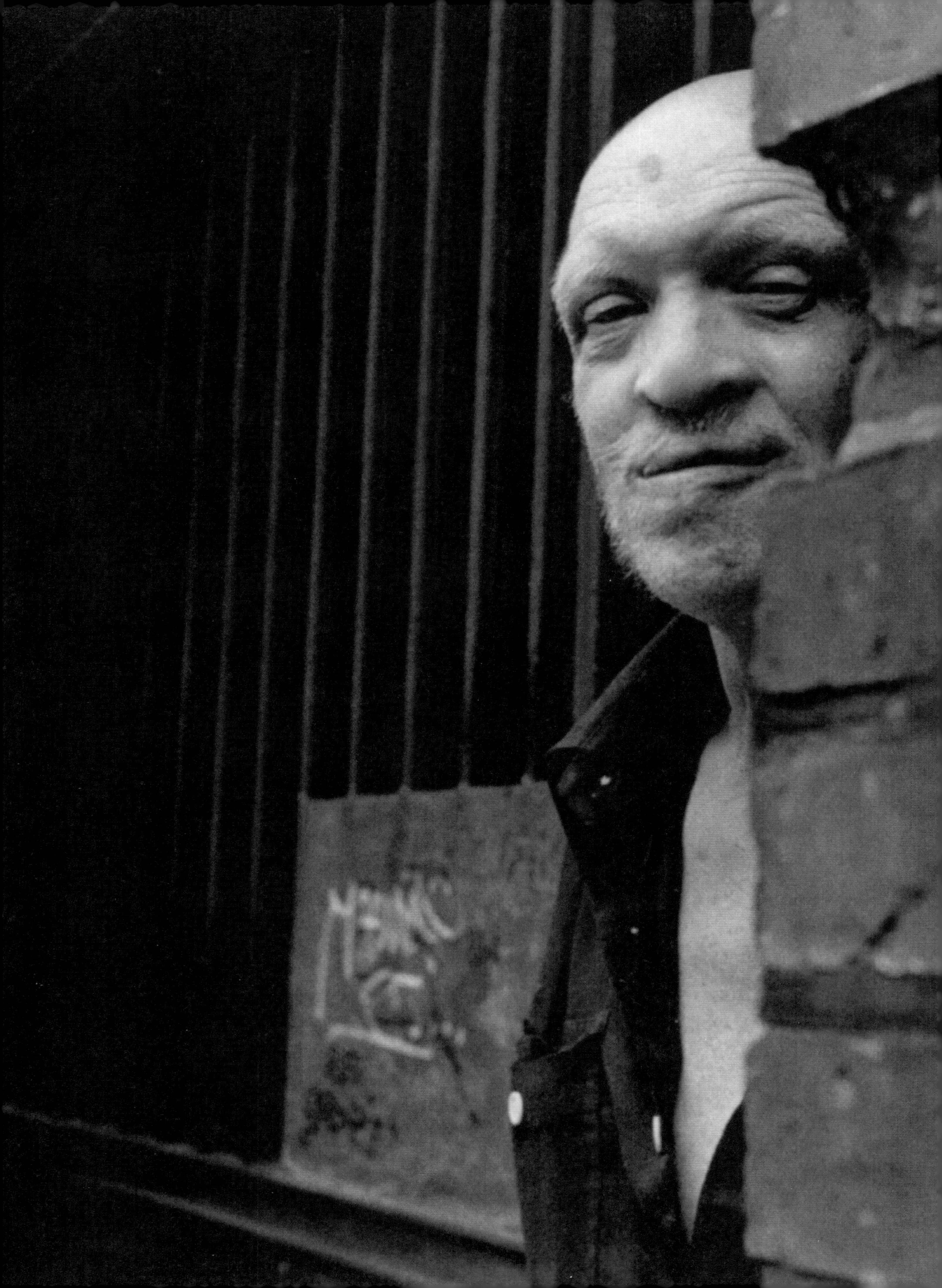

Eine Stadt ohne Angst

Von den dunklen Seiten Kopenhagens
erzählt ELMAR JUNG

Fotografien: Krass Clement

Wir sitzen vor der »Harbo Bar«, einer Kneipe in der Blågårdsgade im Stadtteil Nørrebro. Draußen haben sie ein paar Bierbänke aufgestellt. Autos gibt es hier in dieser als Fußgängerzone angelegten Straße keine, dafür jede Menge herumstehender Fahrräder und buntes Volk aus der kreativen Szene. Der Charme unrenovierter Altbauten ist hier weitgehend erhalten. Grafitti an vielen Wänden, mal Zierde, mal nicht. Es wird viel geraucht an diesem Nachmittag, und obwohl wir im Freien sitzen, hat man ständig Zigarettenrauch in der Nase.

Das »klassische« Kopenhagen mit seinen Burgen, Schlössern und Türmen, mit den herrschaftlichen Fassaden und seinem berühmten Vergnügungspark, dem Tivoli, ist nur einige hundert Meter entfernt. Und doch ist man hier in einer anderen Welt. Alles ist ein wenig schmutzig, eine gewisse Gleichgültigkeit umgibt uns. Es ist egal, wie zerlumpt du aussiehst, wie viele Piercings du im Gesicht hängen hast, welche Farbe deine Haare haben. Niemand wird sich hier nach dir umdrehen. Und als jemand an die nächste Eingangstür kotzt, ist das nicht einmal eine Randnotiz.

Vor ein paar Wochen wurde nur einige Meter von der »Harbo Bar« entfernt ein 19-Jähriger mit Migrationshintergrund erschossen. Vielleicht war er Teilnehmer des seit einigen Jahren in der Stadt tobenden Bandenkriegs um die Vorherrschaft auf dem Drogen- und Prostitutionsmarkt, vielleicht hatte er Pech und war zur falschen Zeit am falschen Ort. Wahrscheinlich beides. Der Junge war das jüngste Opfer einer ganzen

Serie von Schießereien in der Kopenhagener Innenstadt. Die blutige Fehde zwischen den Rockern der Hells Angels und verschiedenen Einwanderergruppierungen fand im März 2009 ihren vorläufigen Höhepunkt, als es an fast jedem Wochenende zu Schusswechseln kam. 62 zählte die Polizei insgesamt zwischen August 2008 und März 2009.

So hatte ich mir diese Stadt nicht vorgestellt.

Kopenhagen, die Schöne, ist ganz offensichtlich eine Blenderin. Anders als Berlin, wo einem schon am Tag der Ankunft die Ruchlosigkeit der Republik entgegenschlägt und schnell klar ist, dass auch der geübteste Flaneur nicht weit kommt, weil diese gehetzte und von der Geschichte oft gepeinigte Stadt eine langsame Lektüre der Straßen kaum zulässt. Berlin stellt seine klaffenden Wunden offen zur Schau. Es kokettiert mit dem Unvollendeten und zeigt seine herrlich hässlichen Ecken und Kanten. »Berlin ist eine sehr wahre Stadt«, schrieb Alfred Döblin 1928. Geändert hat sich daran seitdem nichts.

Kopenhagen ist anders – zumindest auf den ersten Blick. In ihr spiegeln sich Erhabenheit und Herrschaftsanspruch vergangener Königreiche. Auf dem Kongens Nytorv, den König Christian V. von 1680 an als repräsentativen Platz am Rand der mittelalterlichen Altstadt anlegen ließ, an dem heute renommierte Anwaltskanzleien ihre Büros haben, wo in den zahlreichen Restaurants Geschäftsleute in dunklen Anzügen übertreuerte Weine trinken, wo das reiche Dänemark sein Geld ausgibt, zerrt monarchischer Prunk an den Blicken der Passanten. Die Dächer des Königlichen Theaters und des nahe gelegenen Schlosses Charlottenburg mit seiner Königlich Dänischen Kunstakademie glitzern in der Sonne. Und in den Auslagen und Schaufenstern des Kaufhauses Magasin du Nord stapeln sich erlesene Pralinen und Schmalzgebäck süß und fett – hier triefen der Stadt Wohlstand und Saturiertheit nur so aus den Poren.

Hygge

Auch ich ließ mich von dieser Szenerie blenden, als ich vor mehr als zwei Jahren nach Kopenhagen kam und das erste Mal vom Kongens Nytorv die Promenade des Nyhavn zum großen Hafenbecken entlangschlenderte. Ich war erstaunt, dass selbst der Nyhavn – einst Sündenpfuhl der Stadt mit üblen Spelunken und Huren, die sich keinesfalls die Füße platt standen, weil sie so viel zu tun hatten – dass selbst dieser Nyhavn den Eindruck machte, als könnte er mit seinen bunten Giebelhäusern und den hübschen Kellnerinnen mit ihren züchtig nach hinten gebundenen blonden Haaren kein Wässerchen trüben. Hier herrscht scheinbar allgemeine *Hygge*.

Hygge ist das vielleicht wichtigste Wort der Dänen. Es beschreibt die Kunst, Intimität zu schaffen, ein Gefühl von Heiterkeit und Zufriedenheit. Die ausschließlich mit positiven Konnotationen besetzte Bandbreite dieses Begriffs ist schier unendlich. Der Hot Dog an der Würstchenbude nach einem Theaterbesuch in einer lauen Sommernacht kann damit gemeint sein, aber auch der von beiden Partnern als angenehm empfundene Beischlaf. *Hygge* ist Idylle, die durch nichts und niemand gestört werden kann. Und Kopenhagen ist Hort dieser *Hygge*. So dachte ich. Und so denken wohl auch die meisten Touristen. Schließlich liegt Kopenhagen in Dänemark und Dänemark in Skandinavien, wo wohlfahrtstaatliches Miteinander regiert. Soziale Unterschiede und der ihnen innewohnende Sprengstoff sind kaum vorhanden. Punktum!

Doch wer nach Kopenhagen kommt, um zu bleiben, der merkt bald, dass das alles so nicht ganz stimmt. »Kopenhagen ist eine harte Stadt«, sagt Krass Clement, mit dem ich mich im Café »Sommersko« (Sommerschuh) verabredet habe, um zu erfahren, wie ein 65 Jahre alter und guter Fotograf über seine Heimatstadt denkt. Mit schütterem und zerzaustem Haar, grauem Pullover, brauner Wildlederjacke und rotem Schal kommt Clement daher wie Kopenhagen selbst: liebenswert, ein wenig zerknittert, bunt zusammengewürfelt. Viel habe sich in den vergangenen 25 Jahren verändert, sagt Clement. Kopenhagen sei inzwischen eine richtige Hauptstadt, ein Konzentrat der Subkulturen und des Anti-Establishments. Kein provinzielles Nest mehr, so wie früher. Clements Fotowelt liegt im Zwielicht, im Halbdunkel, wo sich Menschen misstrauisch beäugen und halbnackte Huren auf den Stufen einer Hintertreppe ihr Dasein fristen.

Kopenhagen hat diese Seiten, obwohl man sich das als Kurzzeitgast mit Zuckerwatte in der Hand kaum vorstellen kann. Oprah Winfrey war auch so ein Gast. Ende 2009 quartierte sie sich zum Weltklimagipfel im Fünf-Sterne-Hotel »D'Angleterre« am Kongens Nytorv ein, um eine Sendung über Dänemark, das »glücklichste Land der Welt«, zu machen. Ein paar Tage hielt sie sich in der Stadt auf, sprach mit handverlesenen Einwohnern und tingelte durch das Kopenhagen der

Reichen und Schönen. Am Ende sagte die Talklady: Die Dänen seien »ein glückliches Volk großer und blonder Menschen«, die in einer Hauptstadt ohne Makel lebten und sich darüber hinaus rundherum sicher fühlen könnten. Krass Clement sagt dagegen: »Für mich ist Kopenhagen ein bisschen so wie Amsterdam: offener Haschischhandel, offene Prostitution.«

Das mit dem Haschischhandel ist so eine Sache. Offen, ja. Legal, oder toleriert wie in Amsterdam, nein. Früher beschränkte sich in Kopenhagen der Verkauf von Cannabis weitgehend auf die sogenannte Pusher Street in der Hippie- und Aussteigersiedlung Christiania. Nach einer Reihe von Großrazzien der Polizei im Jahr 2004 jedoch schlossen die meisten Dealer ihre Buden. Zwar kann man in Christiania heute noch Marihuana unkompliziert erwerben, doch wird das Zeug nach der Zerschlagung des dortigen Marktes eben auch vermehrt im restlichen Stadtgebiet gehandelt. Neue Märkte entstanden und mit ihnen auch der seit einigen Jahren tobende Bandenkrieg unter anderem in den Problemvierteln Nørrebro und Amager, wo Dealer die Drogen feilbieten. Oder sie stehen am Otto-Krabbes-Platz im Stadtteil Vesterbro. Hier ist die dunkle Seite Kopenhagens auch am helllichten Tag zu sehen. Kunden kreuzen auf, ein kurzer Handschlag, dann verschwinden sie wieder.

Nachdem ich mir diese offensichtliche Heimlichtuerei eine Weile angeschaut habe, mache ich mich auf den Weg zum »Café Blomsten« (die Blume). Der kurze Spaziergang führt die Istedgade entlang, die Hauptschlagader Vesterbros, des wohl paradoxesten Viertels. Während sich das Besitzbürgertum auf die Stadtteile Østerbro und Frederiksberg zurückgezogen hat und sich Nørrebro fest in der Hand ethnischer Minoritäten befindet – was die Dänen dort wiederum zur Minderheit werden lässt –, ist Vesterbro ein hybrides Gebräu aus Elend und Wohlstand. Einst waren sie hier alle arm, doch in den vergangenen Jahren hat das Geld Einzug gehalten. Fassaden wurden aufgehübscht und Verwinkeltes begradigt. Der alte Schlachthof ist kein Schlachthof mehr, sondern ein Ort mit Restaurants und Kneipen, die »BioMio« oder »Karrierebar« heißen. Gäbe es in Dänemark Die Grünen oder eine andere Umweltpartei, hier würde man ihre Wähler antreffen.

Das Derbe im Zwielicht

Das Geld kam, doch die Armut ist geblieben. Sie lebt jetzt mit dem Wohlstand auf engstem Raum. Eine faszinierende, aber auch explosive Mischung. In dem Märchen *Der Wassertropfen* verglich Hans Christian Andersen seine ersten Eindrücke von Kopenhagen mit dem Blick auf Bakterien unter einem Mikroskop, »wie der eine den anderen puffte und stieß, wie sie sich zwickten und zwackten, einander bissen und rissen. Was unten war, sollte nach oben, und was oben war, sollte nach unten.« Er könnte auch Vesterbro im Besonderen damit gemeint haben.

Die, die auf der Strecke geblieben sind, sitzen im »Café Blomsten«. Ein echtes Wirtshaus, schummrig und muffig. Draußen blendet die Sonne, drinnen die Leuchtstoffröhre, die über dem Tresen hängt. Schon seit 1895 gibt es diese Eckkneipe. Früher trug sie den Namen »Distrikt« oder so ähnlich, aber das ist der Kundschaft hier ziemlich egal. Ich versuche nicht weiter aufzufallen und tue es dann doch, als ich das Bier und den Kurzen mit meiner EC-Karte zahlen will. »Nur Bares«, sagt der Wirt mit der Ankertätowierung. Als ich ihm einen 1000-Kronen-Schein (etwa 130 Euro) reiche, schaut einer der Thekentrinker von seinem Bierglas auf und meint: »Kannst du so einen nicht auch für mich machen?« »Sorry«, sage ich, »aber obwohl ich mein ganzes Leben versuche, Geld zu scheißen, ist es mir bisher nicht gelungen.« Gelächter.

Sie werden an dieser Stelle den Kopf schütteln und denken, der Autor solle doch nicht so peinlich bemüht sein, sich über das vermeintlich passende Jargon dem Milieu anzupassen, das ihn umgibt. Doch die Ausdrucksweise geht in Ordnung, weil sie im Dänischen viel harmloser klingt und darüber hinaus in der derben und in fast allen gesellschaftlichen Schichten vorkommenden Umgangssprache völlig untergeht. Die Dänen – und vor allem die Kopenhagener – fluchen gerne, und ihr Ton kann sehr grob sein, was zum rauen Kolorit der Stadt ganz gut passt. Das hat jedoch nichts mit Abneigung oder Aggressivität zu tun, ist eher Ausdruck von Jovialität. »Oft versuchen wir damit unser mangelndes Gespür für Höflichkeit zu überspielen«, sagte mir einmal Klaus Bondam, Leiter des Dänischen Kulturinstituts in Brüssel, Schauspieler und ehemaliger Bürgermeister für Beschäftigungs- und Integrationsfragen von Kopenhagen.

Ich fühle mich deshalb auch nicht »komisch«, als ich im »Café Blomsten« »Geld scheißen« sage. Im Gegenteil. Ich bin jetzt ein echter Kopenhagener, denke ich, während ich den Kurzen kippe, am Bier ziehe und mir die Stammkundschaft anschaue. An den Wochenendabenden werden sie das »Blomsten« meiden, weil der Laden dann übervölkert ist mit Yuppies, die das Zwielichtige suchen, weil das Zwielichtige irgendwie »in« ist in Kopenhagen. Es sind jene Yuppies, die sich reißen um den teuren Wohnraum in Vesterbro, obwohl vor ihrer Haustür dort die Prostituierten ihre Dienste anbieten und nachts, gleich um die Ecke auf dem Vorhof der Mariakirche in der Istedgade, Crack geraucht und Heroin gespritzt wird.

Kopenhagen, die Schöne, ist eben auch eine Meisterin in der Kunst des Laisser-faire. Der Freisinn, der diese Stadt beherrscht und so faszinierende Dinge wie die autonome Freistadt Christiania entstehen ließ, bringt eine Portion Grobschlächtigkeit mit sich. Das nehmen die Bewohner bis zu einem gewissen Grad mit Gelassenheit in Kauf. Mag ja sein, dass Kopenhagen in den Rankings der kriminellsten Städte Europas regelmäßig Spitzenplätze belegt. Aber dafür gleich mit massivem Polizeieinsatz die Stadt und ihre Bewohner auf Stromlinie bringen?

Und wenn man draußen vor einem Café am Halmtorvet in der Sonne sitzt, vor sich auf dem Teller eines dieser süßen und fetten Schmalzgebäcke, und zusieht, wie Mütter ihre Kinderwagen an Huren vorbeischieben, die in Sichtweite der nächsten Polizeistation arbeiten, dann kann man sich des Eindrucks nicht erwehren, dass selbst den Abgründen dieser Stadt ein wenig *Hygge* innewohnt. Kopenhagen schafft eben etwas, was nur ganz wenige Städte können: ein ziemlich raues Pflaster zu sein, ohne einem wirklich Angst zu machen.

ELMAR JUNG,
1978 in München geboren, studierte Germanistik, Kommunikationswissenschaft und Skandinavistik in München und Stockholm, volontierte bei der *Süddeutschen Zeitung*; anschließend bei *Aftenposten* in Oslo; seit 2008 freier Journalist in Kopenhagen.

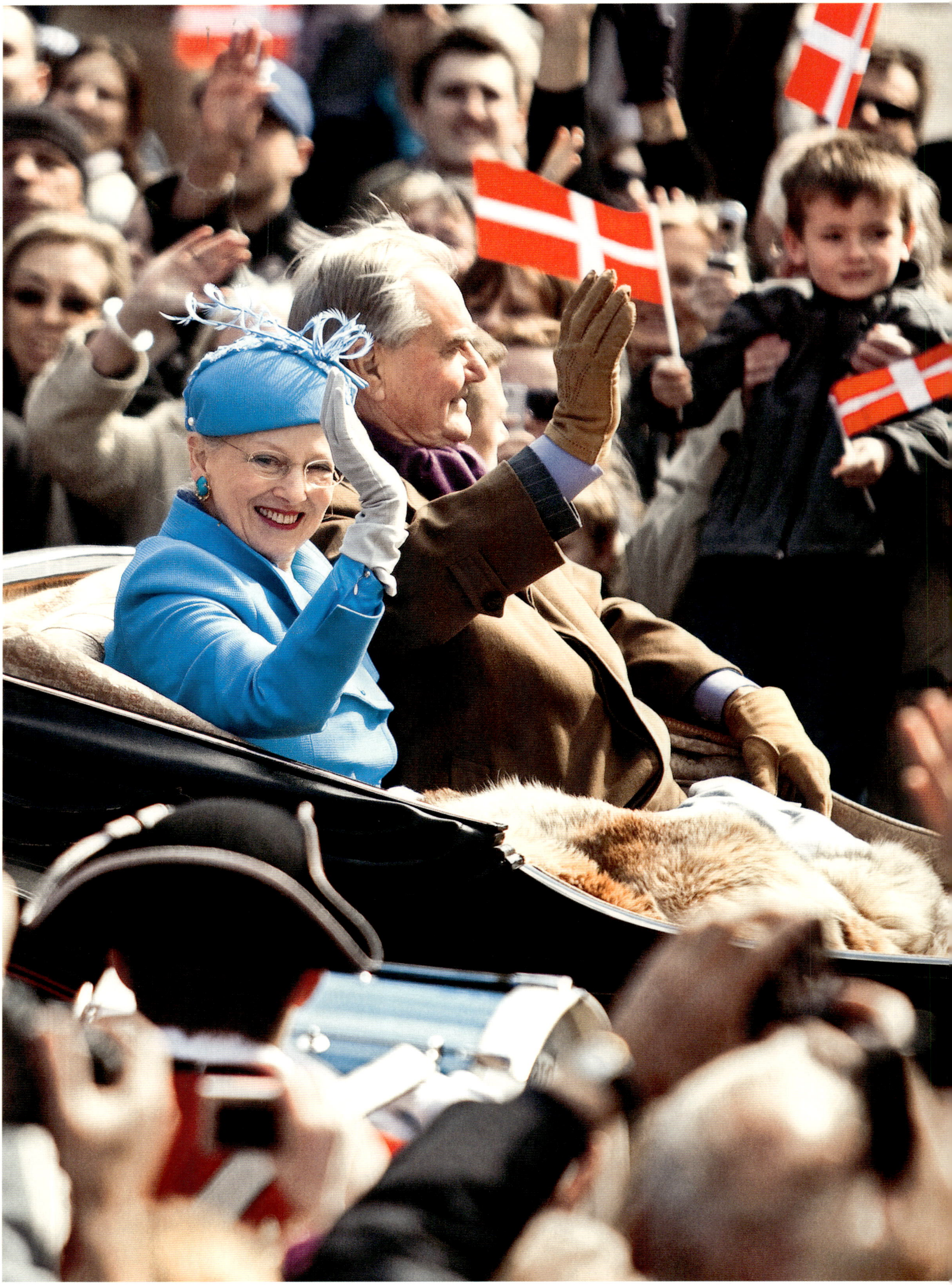

DER HOF, SEIN STAAT

Große Geschichte, kleine Krisen:
FRIEDERIKE HAEDECKE *über den Reiz,
in Dänemark ein Royal zu sein*

Eigentlich hat man in Dänemark ja ein Faible für traurige Märchen wie *Das Mädchen mit den Schwefelhölzern* oder *Die kleine Meerjungfrau*. Doch – am meisten lieben die Dänen ein Märchen, das im Hier und Jetzt spielt: Es kam ein Mädchen aus Australien, bekam den Prinzen und das halbe Königreich. So etwa formulierte es der Geistliche 2004 bei der Trauung von Kronprinz Frederik von Dänemark mit der bürgerlichen Mary Donaldson. Aber ist das Leben in der dänischen Königsfamilie märchenhaft? Den ganzen Tag aufregungsfeuchte Hände schütteln, Ausstellungen eröffnen, mit wichtigen oder auch nur gewichtigen Gesprächspartnern endlose 7-Gänge-Menüs durchplaudern? Sind die europäischen Royals mehr als nur Stoff für Yellow Press und Trockenhaubenschnattereien? – Wenn man sich ein Königshaus aussuchen könnte, in das man als Normalsterbliche einheiraten wollte, dann wäre es sicherlich das dänische.

Denn hier gibt es keine pflichtversessene Queen wie in England, hier gibt es keine verhärmten Traditionen wie am spanischen Hof. Hier gibt es auch keinen König, der durch allzu fröhliches Treiben den Ruf der Familie ruiniert wie in Schweden. Hier gibt es Stil, Bildung – und offenbar auch eine Menge Spaß.

Die dänische Königin Margrethe II. ist bei den Dänen so beliebt wie keine andere Monarchin der Welt bei ihren Untertanen. Seit Jahrzehnten sprechen sich mehr als 90 Prozent der Einwohner des Landes in Umfragen für ihre Königin aus, die damit vermutlich das beliebteste Staatsoberhaupt der Welt überhaupt ist. Die großgewachsene Königin mit ihrem ansteckenden Lachen macht den Job wirklich gern und verkündete unlängst, auf dem Thron bleiben zu wollen, bis sie herunterfalle.

Gorm und Blauzahn

1972 hatte sie den Thron von ihrem Vater übernommen und regiert das Land seither in einer konstitutionellen Monarchie, das heißt: Gesetze bedürfen zwar der formellen Absegnung durch die Monarchin, die aber längst keine politische Macht mehr ausübt. Dänemark verfügt über die längste ununterbrochene Reihe von Monarchen und gilt deshalb als älteste Monarchie der Welt. Begonnen hat es mit dem sagenhaften Wikinger Gorm (vor 900–958) und seinem Sohn Harald Blauzahn (um 910–987), die wohl als Erste die geeinten dänischen Stämme anführten. Unter den Königen namens Valdemar des 14. Jahrhunderts dehnte sich der Einflussbereich der dänischen Könige über einen Großteil des Ostseeraums und wurde von Margrethe I. (1353–1412) in der Kalmarer Union (Zusammenschluss der Königreiche Dänemark, Norwegen und Schweden, bestand von 1397–1523) geeint. Seit dem 16. Jahrhun-

Königin Margrethe II. lässt sich feiern
anlässlich ihres 70. Geburtstags

dert hält man an der Tradition fest, die Könige stets alternierend Christian oder Frederik zu nennen – ein Verwechslungsalptraum für dänische Schulkinder. Christian IX. (1818–1906) kommt in der Geschichte der dänischen Monarchie eine besondere Rolle zu, weil es diesem König des 19. Jahrhunderts gelang, seine Kinder in hochrangigste europäische Höfe zu verheiraten. Den »Schwiegervater Europas« nennt man ihn, und bis heute halten diese Familienbande und verwurzeln das dänische Königshaus fest in Europa. Seit 1953 dürfen auch Mädchen, so denn kein männlicher Thronanwärter zur Verfügung steht, die Krone erben. Diese Verfassungsänderung wurde eigens für die jetzige Königin Margrethe durchgeführt. 2009 wurde das Gesetzeswerk diesbezüglich endgültig entstaubt: Heute wird das jeweils erste Kind Thronfolger, egal welchen Geschlechts es ist. Die Regelung wird aber erst in der übernächsten Generation greifen, da das erstgeborene Kind von Kronprinz Frederik, Prinz Christian, ohnehin ein Junge ist.

Blaues Blut und trotzdem Menschen

Der künftige König wird in einer Reihe von dänischen Regenten stehen, von denen die allermeisten ihre Sache zur Zufriedenheit ihrer Untertanen gemacht haben.

Besonderen Heldenstatus genießt bis heute Christian X. (1870–1947), der Dänemark durch die schwere Zeit der deutschen Besatzung im Zweiten Weltkrieg führte. Christian verließ im Gegensatz zu seinem zeitgleich in Norwegen regierenden Bruder Haakon nicht das Land, sondern wurde zum Symbol des Widerstands. Eisern hielt er fest an seiner Gewohnheit, jeden Morgen unbewaffnet und ohne Leibwache durch die Straßen Kopenhagens zu reiten.

Zahlreiche Bonmots aus dieser Zeit rühmen die Königsfamilie für ihre Standfestigkeit und ihren Stolz gegenüber den Besatzern, denen sie militärisch nichts entgegenzusetzen hatten. So sei der deutsche Gesandte bei Hofe erschienen und habe huldvoll kundgetan: »Seine Exzellenz, der Herr Reichskanzler, hat mich beauftragt, Euer Majestät mitzuteilen, dass sie es unendlich bedaure, Dänemark in den Strudel des Krieges hineinzuziehen. Viel lieber sei es ihr, wenn beide Völker ein gemeinsames Ziel hätten.« Während der König neutral antwortete: »Vielleicht haben sie recht«, war der Kronprinz frecher: »Sagen Sie Herrn Hitler, mein Vater sei schon zu alt, um ein so großes Volk wie das deutsche zu regieren.« Schöner noch die Anekdote, König Christian X. habe bei seinen Ausritten einen gelben Stern getragen, um gegen die Verfolgung der dänischen Juden zu protestieren. Auch wenn diese Geschichte eher eine Legende ist, zeigt sie, welches Rückgrat die Dänen ihren Monarchen zutrauten.

Gelegentliche Aussetzer wurden den dänischen Königen von ihren Untertanen meist verziehen. Wie jener von Frederik VIII. (1843–1912), der sich im Jahre 1912 in Hamburg eine kurze Auszeit vom Königsein gönnen wollte und zu diesem Zweck ein Edelbordell aufsuchte. Doch Seine Majestät hatten ihre Kräfte offenbar überschätzt und erlagen einem Schlaganfall. Glücklicherweise hatte Frederik zu diesem Zeitpunkt das Etablissement bereits wieder verlassen, sodass die peinlichen Umstände seines Todes diskreter dargestellt werden konnten und der Leichnam des Verschiedenen würdevoll in sein Heimatland überführt wurde.

Christian X. beim täglichen Morgenritt

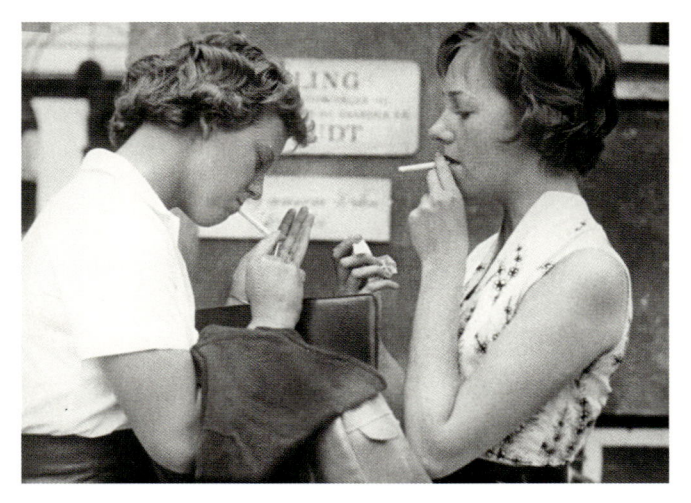

Margrethe, rauchend, 1959 …   … 1960 …   … und 1991

»Ich rauche, wo ein Aschenbecher ist«

Doch die Zeiten, in denen eine Nation ein Königshaus akzeptiert, nur weil es da ist, sind auch in Dänemark vorbei. Auch hier gibt es eine, zugegebenermaßen kleine, Fraktion von Monarchiegegnern, die die gekrönten Häupter lieber heute als morgen aufs Altenteil schicken würde. Nicht einmal, weil ihnen die Königsfamilie unsympathisch wäre, sondern weil ihnen die Privilegierung qua Geburt widerstrebt. Und weil sie dazu eine teure Angelegenheit ist. 342 Millionen Kronen, das sind immerhin stolze 45 Millionen Euro, kostete die Existenz der Königsfamilie und ihr Hofbetrieb den dänischen Steuerzahler in 2010. Darin enthalten sind persönliche Apanagen der Mitglieder des Königshauses, der Unterhalt für die sechs königlichen Schlösser des Landes und kleinere Posten wie zum Beispiel die schicken Uniformen der königlichen Leibgarde.

Den Anti-Royalisten ist es natürlich willkommen, dass die königliche Familie nicht komplett ohne Fehl und Tadel ist. Königin Margrethe II. frönt seit Jahrzehnten einem ziemlich bürgerlichen Laster – sie ist Kettenraucherin und verkündete lange störrisch: »Ich rauche überall dort, wo ein Aschenbecher ist.« Aber viele Dänen schätzen sie gerade für solche Standfestigkeit. Als die Königin aus Schweden kritisiert wurde, Glimmstängel und Krone passten wenig zueinander, schossen die dänischen Medien zurück: Margrethe II. stehe wenigstens zu ihrem Laster und rauche nicht wie der schwedische König Carl XVI. Gustaf heimlich auf dem Klo. Aber auch Monarchinnen müssen mit der Zeit gehen. Nach eindringlicher Warnung durch Ärzte und PR-Berater qualmt Margrethe heute wohl nicht weniger, aber nur noch hinter den Palastmauern, wenn die Kameras nicht dabei sind.

Darüber hinaus muss man aber schon ein wenig suchen, um etwas zu finden, was die Dänen an ihren Royals auszusetzen haben. Da murrten Tierschützer, weil die Mützen des Königlichen Wachbataillons vor Schloss Amalienborg traditionell aus dem Fell kanadischer Schwarzbären gefertigt werden. Und Kronprinzessin Mary wurde für ihre offensichtliche Leidenschaft für teure Designermode gerügt. Aber das war es dann auch schon.

Selbst die Kopenhagener Residenz der Königsfamilie ist sympathisch bescheiden, zumindest gemessen an europäisch-königlichem Standard. Der offizielle Stadtwohnsitz Schloss Amalienborg in Kopenhagen ist eigentlich nicht einmal ein »Schloss«, sondern ein Ensemble von vier Adelshäusern. Die Palais Schack, Moltke, Brockdorff und Levetzau wurden im 18. Jahrhundert von verschiedenen Adelsfamilien errichtet, nachdem der damalige König Friedrich V. (1723–1766) ein barockes Stadtviertel nach einheitlichem Bauplan erwirkt hatte. Die vier nahezu baugleichen Palais umrahmen symmetrisch den Schlossplatz, auf dem ein Reiterstandbild ebenjenes Friedrich V. an den Initiator der Anlage erinnert. Als am Ende des 18. Jahrhunderts ein verheerender Brand in der königlichen Residenz die Königsfamilie obdachlos machte, suchte man Zuflucht in diesen Palais, und dabei blieb es bis heute: Im Palais Schack wohnen Königin und Prinzgemahl, Palais Brockdorff ist die frischrenovierte Herberge für die Familie von Kronprinz Frederik. Und auch wenn die Häuser

Da blieb sein Auge nicht trocken: Frederiks Tränensturz …

Prunkräume für Staatsgäste und Empfänge beherbergen – wirklich majestätisch wirkt das eigentlich nur vom Wasser aus, wenn der Blick durch die Achse der vier Palais von der Marmorkirche gekrönt wird. Und selbst der Balkon, auf dem die Königin mit ihren Lieben erscheint, um sich vom Volk bejubeln zu lassen, ist nur unwesentlich größer als unser heimischer Küchentisch.

Manchmal schmollend, immer nützlich

Die Dänen leben mit ihrer Königsfamilie und stehen zu ihr in den guten und den schlechten Tagen. Ein guter war sicherlich die rührende Hochzeit von Kronprinz Frederik mit seiner Mary am 14. Mai 2004. Als die Braut die Kirche betrat, begann der Kronprinz hemmungslos zu weinen und konnte seine Fassung nur mühevoll wiedergewinnen. Die Tränen des Thronfolgers ließen ein Land kollektiv aufschluchzen und auch diejenigen nicht ganz kalt, die beim Anblick von Diademen und Epauletten sonst eher Lachtränen vergießen.

Doch auch, wenn's im Palast mal nicht so rund läuft, sind die Untertanen an der Seite ihrer gekrönten Häupter. Eine landesweite Aktion suchte 1993 den abgängigen Lieblingsdackel Ihrer Majestät namens Zenobie. Leider vergebens, aber die Hundeliebhaberin Margrethe freute sich über die rege Anteilnahme des Volkes.

Im Jahr 2002 aber galt es, einen erheblich wichtigeren Ausreißer zurückzubringen. Denn bei Königs knirschte es kräftig im Palastgebälk. 1967 hatte die Heirat mit Thronfolgerin Margrethe aus dem französischen Grafen Henry de la Borde de Monpezat den Dänenprinzen Henrik gemacht. Zwar war er von Adel, aber keineswegs standesgemäß für eine künftige Regentin. Henrik dankte seiner Frau die Liebesheirat, indem er vom Hochzeitstag an brav hinter ihr stand und sich ins Protokoll fügte. Und offiziell wie privat schien es gut zu laufen mit den beiden. Wie seine Frau war auch Prinz Henrik den schönen Künsten verfallen. In einem Gedichtband ließ er durchaus vieldeutige eroti-

… und der Hochzeitskuss

Wachwechsel vor Amalienborg

sche Andeutungen anklingen. Margrethe trug das mit Fassung und illustrierte das Werk sogar mit Zeichnungen. Die Silberhochzeit des Paares wurde 1993 mit Humor gefeiert: Am Morgen des Festtags zeigten sich die beiden nach altem dänischen Brauch unfrisiert und im Morgenmantel am Palastfenster. Man stelle sich vor, Elisabeth II. von England würde mit einer solchen Idee konfrontiert.

Dass es aber im Familienleben durchaus auch Zwiste gab, zeigte sich am Abend, als Kronprinz Frederik eine Rede auf das Silberpaar hielt. »Wen man liebt, den züchtigt man, sagt ein Sprichwort. An deiner Liebe haben wir nie gezweifelt«, spielte der Thronfolger unmissverständlich auf die strengen französischen Erziehungsvorstellungen seines Vaters an. Im Großen und Ganzen hatte der Franzosengraf seine Sache als Prinzgemahl in den Augen der Dänen gut gemacht, doch offenbar hatten sie es ihm nicht deutlich genug gezeigt.

Als die Königin 2002 wegen Krankheit beim traditionellen Neujahrsempfang ausfiel, hatte Henrik erwartet, seine Frau vertreten zu dürfen. Doch nicht er, sondern Kronprinz Frederik trat an die Stelle der Monarchin. Und diesmal reichte es dem Prinzgemahl. Er setzte sich auf sein Weingut Caix in Südfrankreich ab und schmollte. Und das nicht mal leise, sondern ziemlich laut. In einem Interview tönte er, er fühle sich nur als »nutzloses Anhängsel«. Was tun? Man kann ja von der Fahne gehen, aber von der Krone? Flugs eilte die gesamte Familie nach Südfrankreich und präsentierte Eintracht. Ob Prinz Henrik wirklich so schnell versöhnt war, bleibt dahingestellt. Auf jeden Fall kam er zurück und reihte sich wieder ins Protokoll ein.

Die Untertanen sahen seine Rebellion gelassen. Jeder Mensch habe Lebenskrisen, und bei Prinz Henrik sei sie nun mal öffentlich gewesen, so die gängige Meinung. Sie erwarten von ihrer Königsfamilie nicht, dass sie perfekter ist als die dänische Normalfamilie. Da darf sich der zweitgeborene Prinz Joachim sogar von der sehr beliebten Prinzessin Alexandra scheiden lassen, wie jüngst geschehen. Die neue Frau an seiner Seite, die Französin Marie, wird ebenfalls warmherzig gefeiert.

Die Dänen wissen, was sie an ihrem Königshaus haben: zuverlässige Repräsentanten im Ausland und mediale Aufmerksamkeit bei jedem Familienereignis, denn wie in einer guten Seifenoper wird auch bei Königs immer wieder geliebt, geheiratet, geboren und gestorben. Doch das Königshaus steht in dem kleinen Land auch für mehr: für zeitlose Bedeutung und Beständigkeit. Wie die Zugehörigkeit von Grönland und den Färoern gibt auch das Königshaus historische Größe und eine globalisierungsresistente Individualität. Margrethe II. und ihre Lieben sind eine Marke, die sich Dänemark gern etwas kosten lässt. Und die Mitglieder der königlichen Familie danken es dem Land, indem sie ihre Rollen in einer uralten Geschichte spielen: nicht perfekt, aber sehr bemüht, nicht unverzichtbar, aber in vielem äußerst nützlich. **c**

FRIEDERIKE HAEDECKE
ist Historikerin und arbeitet seit mehr als zehn Jahren beim ZDF, spezialisiert auf gesellschaftliche, historische und naturwissenschaftliche Themen. Ihr Dokumentarfilm *Supertiere* wurde mit der »Goldenen Kamera« ausgezeichnet. Gemeinsam mit Julia Melchior ist sie Autorin des Buchs *Royal Weddings – Königliche Hochzeiten.*

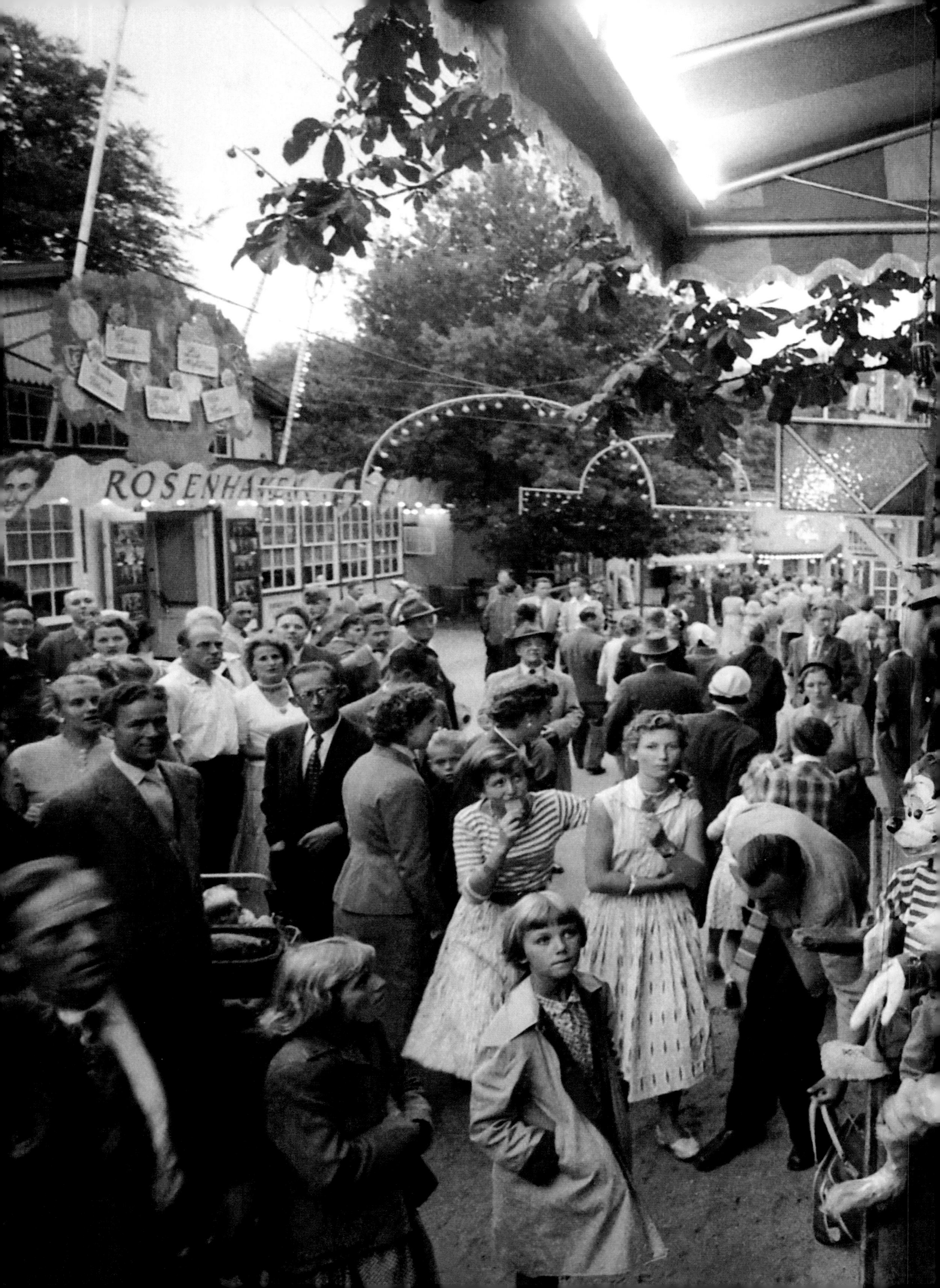
ROSENHA

»Alles ist Taverne, Vergnügungslokal«,

sagt die Gräfin Holk bei Theodor Fontane über Kopenhagen.
Die Fotografien von Helmer Lund-Hansen
aus den fünfziger Jahren zeigen ein paar Facetten des
kulturellen Alltagslebens:
Tivoli und Zirkus, Jazz-Clubs, Kunst im Louisiana
und Zukunftsträume im Autosalon.

Helmer Lund-Hansen (1910–1992) war zeit seines Lebens
nicht nur überzeugter Kopenhagener, sondern einer der
Fotografen der Stadt, ihrer Menschen, ihres Lebens.

Kinderfreuden im Tivoli
Vorhergehende Doppelseite: Der berühmte »Professor« Tribini präsentiert
eine Nachwuchskünstlerin vor seinem Theater in Dyrehavsbakken.

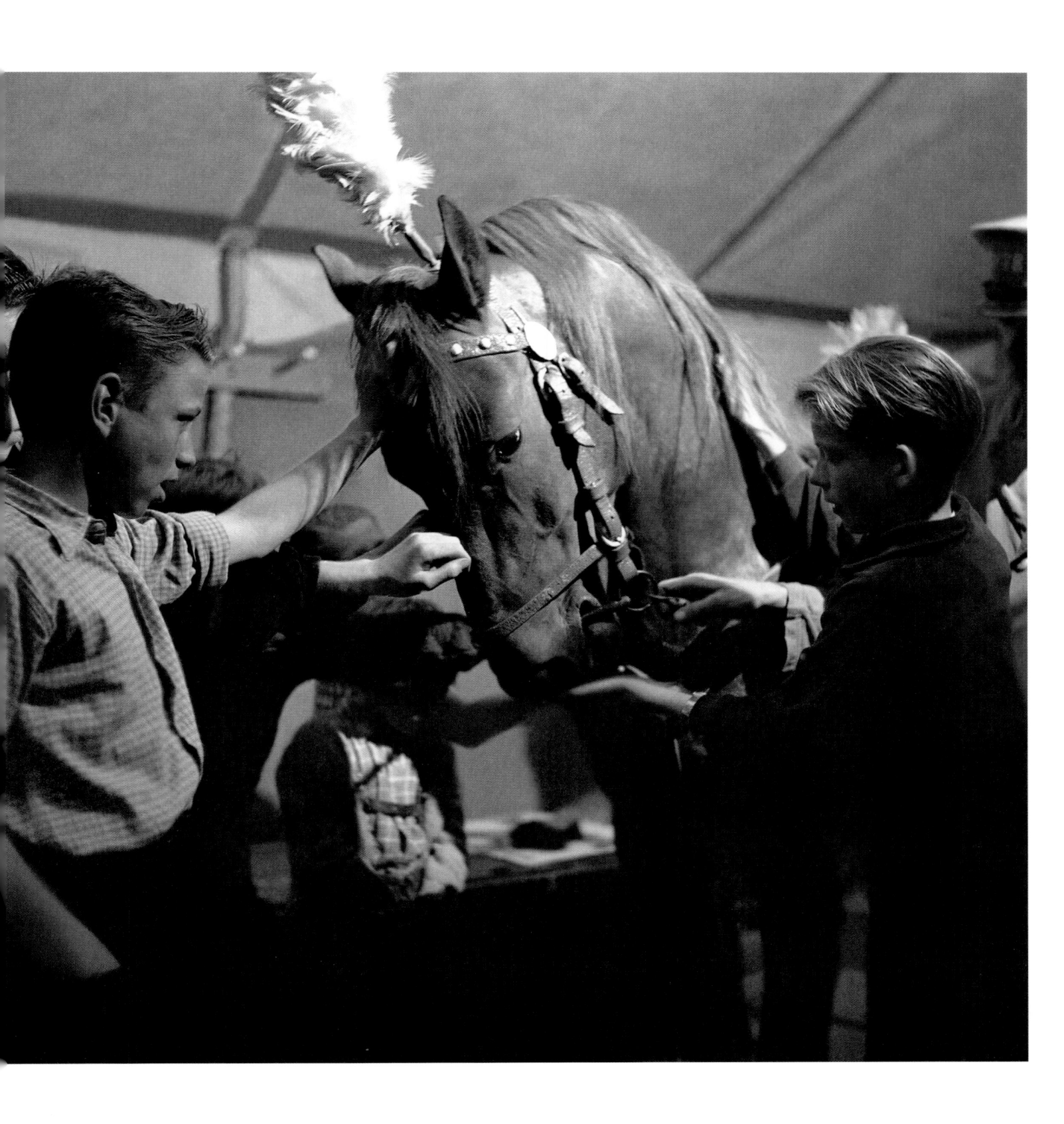

In den fünfziger Jahren zogen noch
zahlreiche kleine Zirkusse durch Dänemark…

… die nicht nur die Kinder begeisterten …

… sondern auch die damalige Prinzessin (und heutige Königin)
Margrethe II. (vorn, im hellen Mantel), die …

... gebannt eine artistische Vorführung verfolgt.

Tanz im »Colombo Jazz Club« –
einem der weniger berüchtigten Clubs: Das Licht ist an.

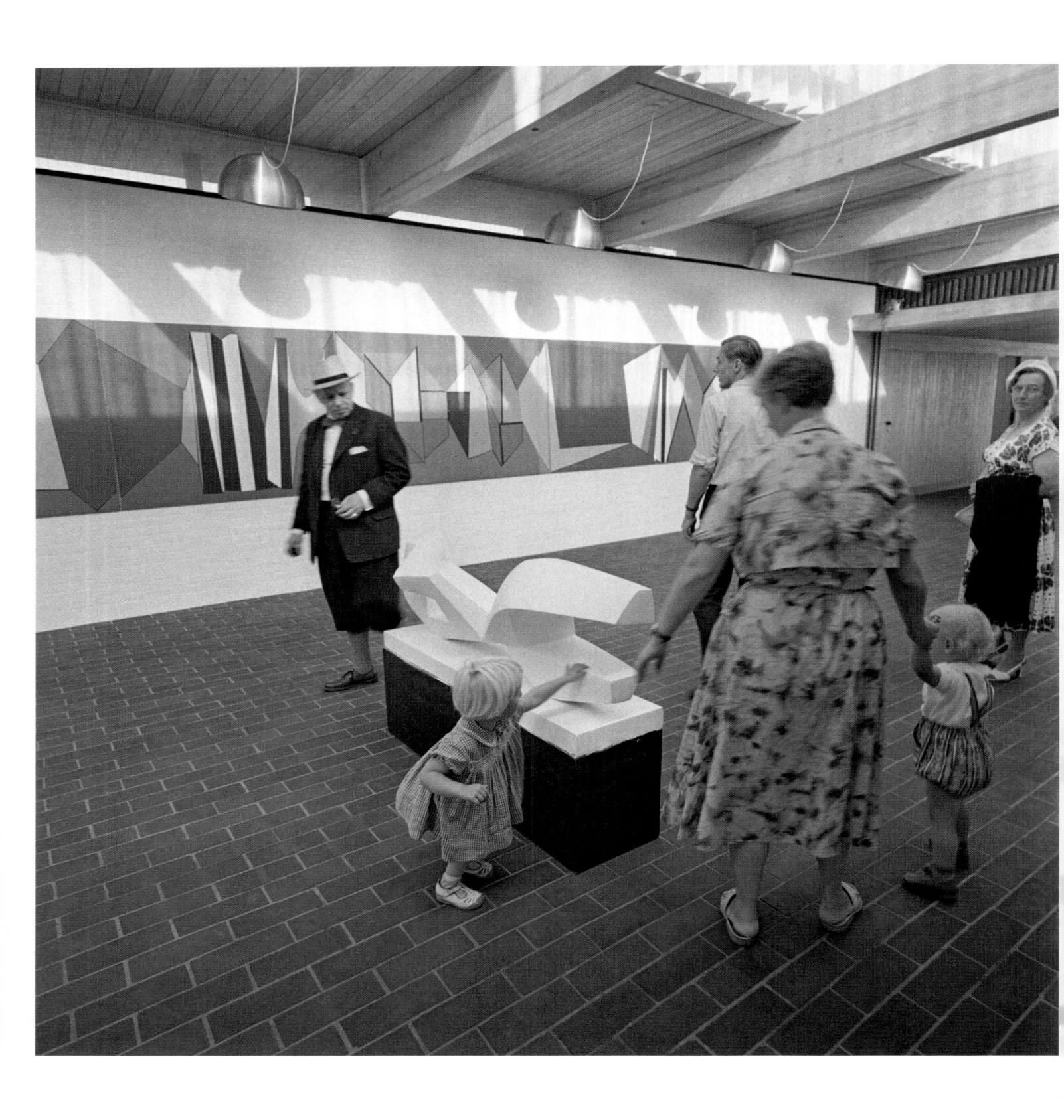

Louisiana, gegründet 1958 von Knud W. Jensen;
das Bild entstand wohl bei einer der ersten Vernissagen.

Eröffnung der Frühlingsausstellung in Charlottenborg.
Folgende Doppelseite: Autosalon im Forum, einem populären Platz im Stadtteil Frederiksberg.

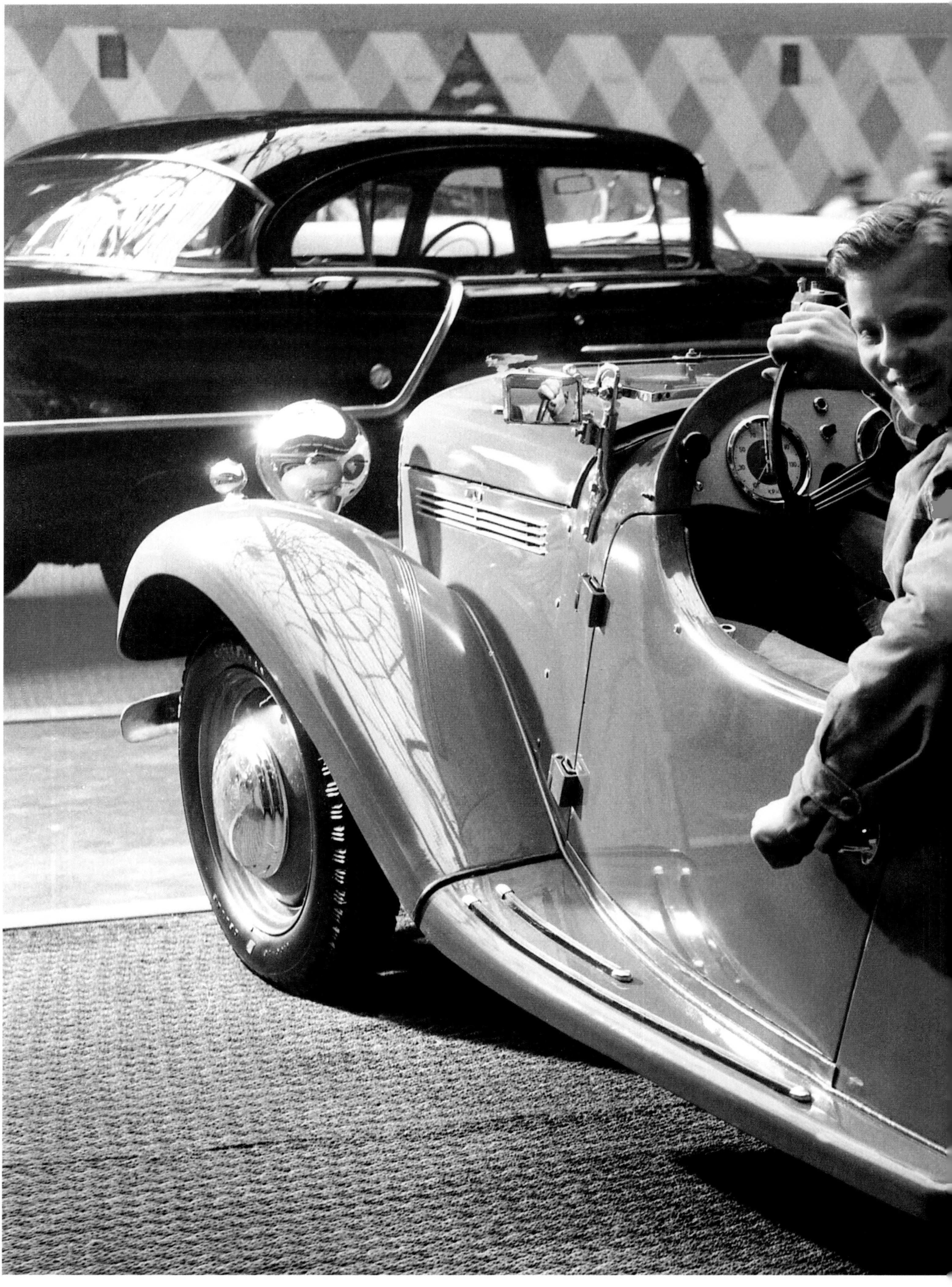

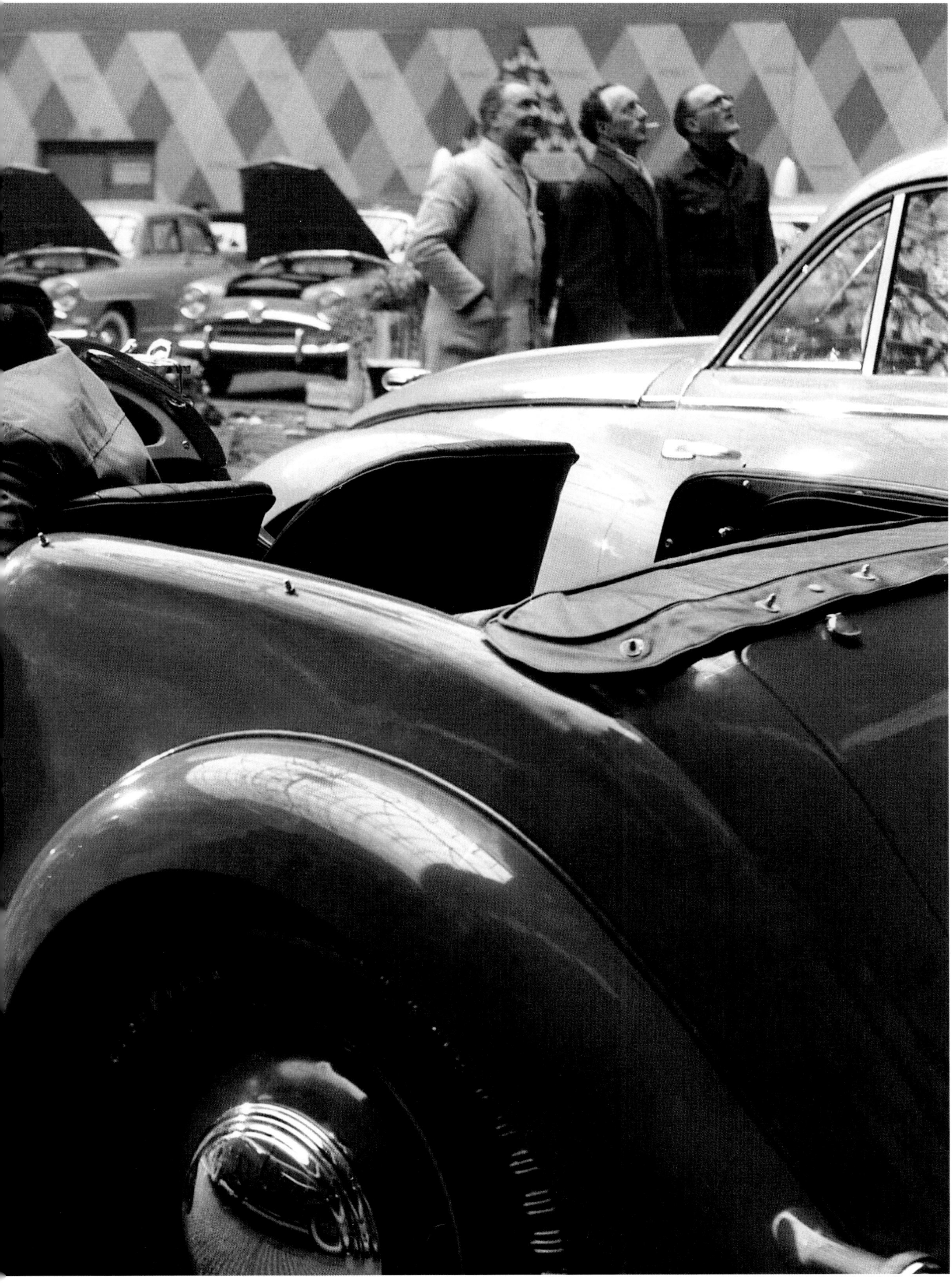

Jazz-Konzert mit Big Bill Broonzy im »Montmartre«, 1956.
Rechte Seite: Eine amerikanische Ballettgruppe tanzt im Königlichen Theater
am Kongens Nytorv, Mitte der 50er Jahre.

Herzlich danken wir Klaus Nielsen vom Kobenhavns Museums billedarkiv.

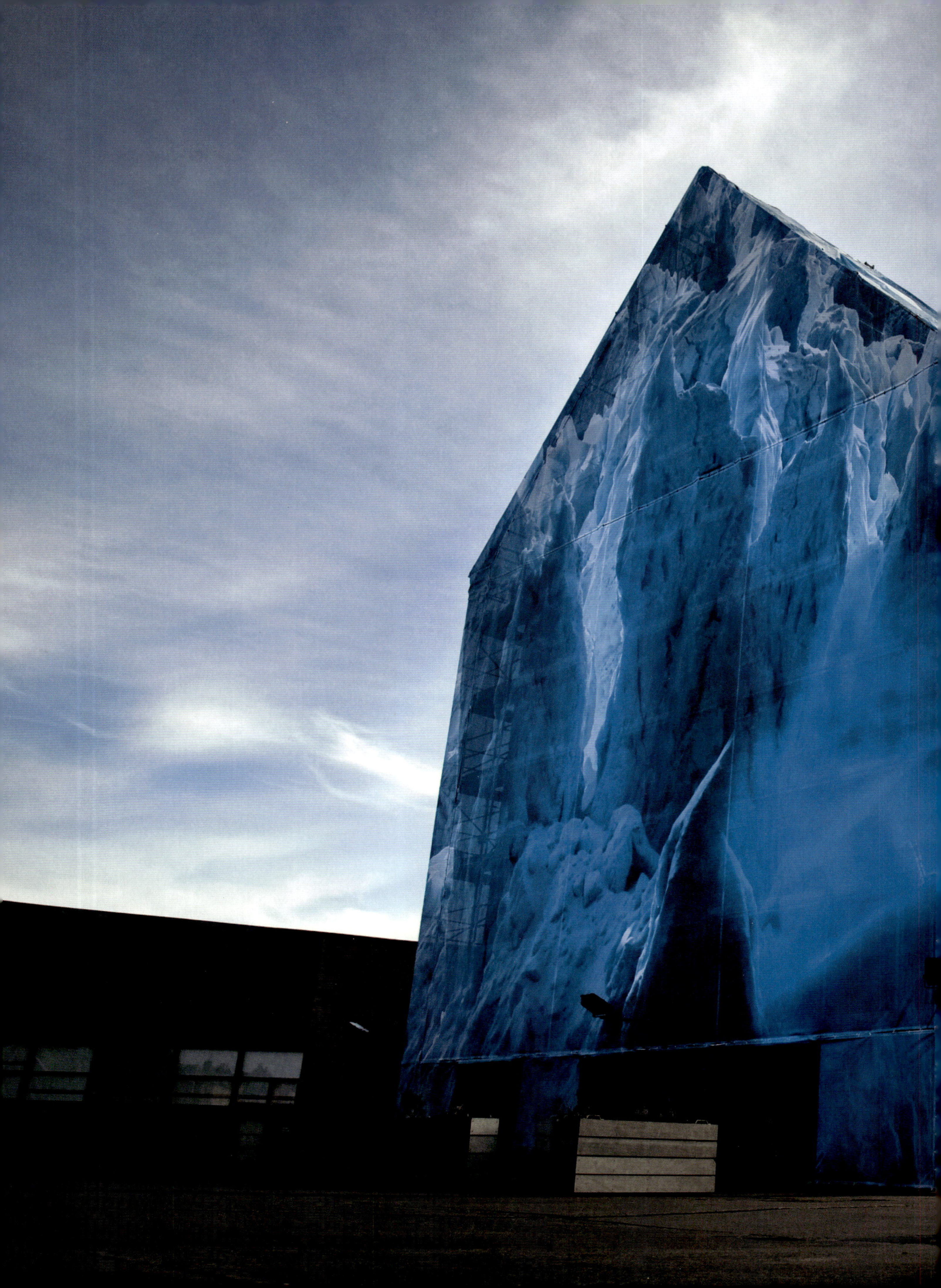

IM EISBERG

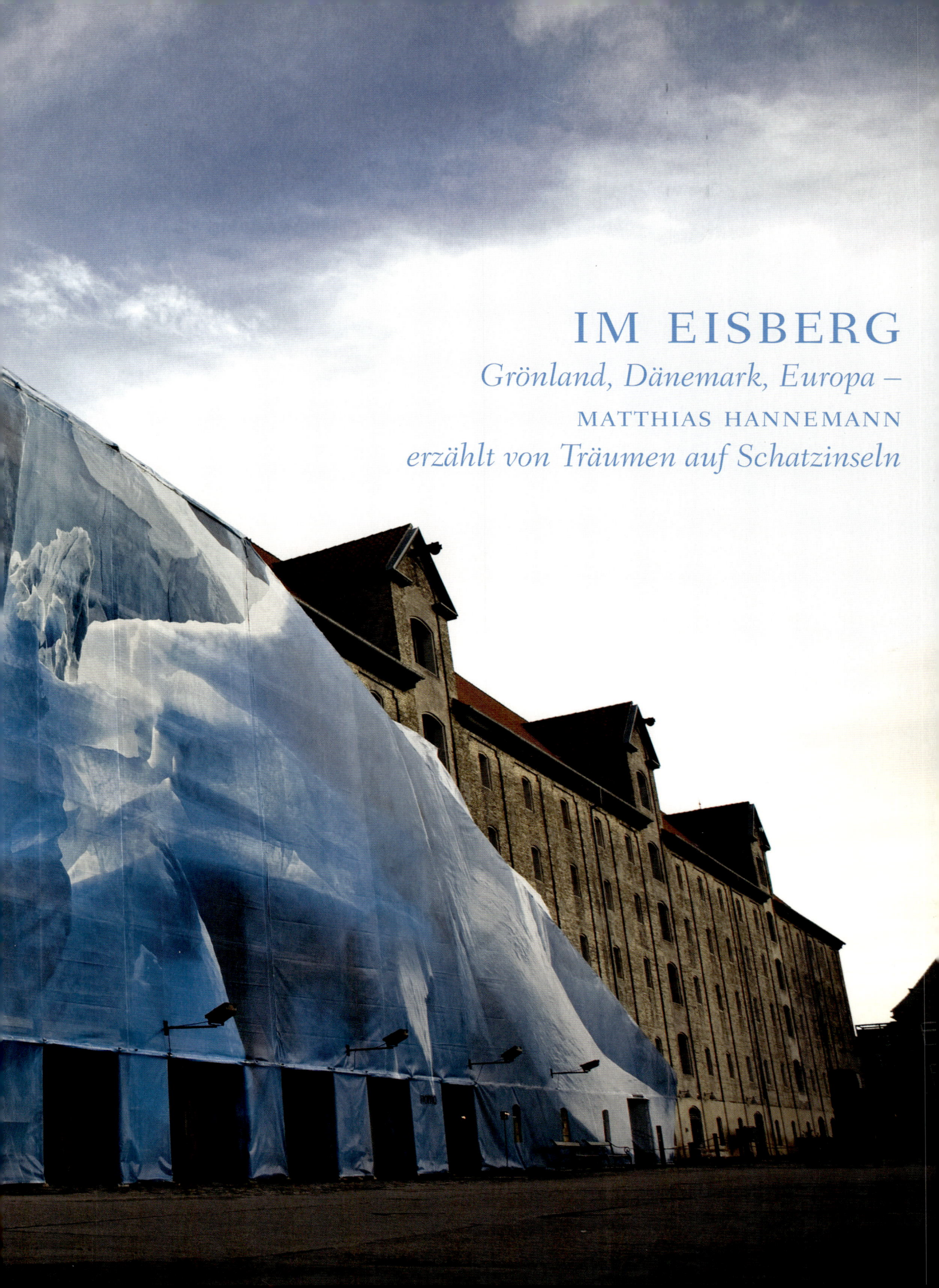

Grönland, Dänemark, Europa –
MATTHIAS HANNEMANN
erzählt von Träumen auf Schatzinseln

Kennst du diesen Augenblick? Dieses plötzliche Aufhorchen-Müssen, diese Sekunden, in denen dich das unangenehme Gefühl beschleicht, die Grenze zwischen Traum und Wirklichkeit längst überschritten und vergessen zu haben, wo sie einmal verlief? In Alfred Döblins Roman *Berge, Meere und Giganten,* einer furchteinflößenden Momentaufnahme aus dem Jahrhundert der Massen, der Technik und der totalen Kriege, lösen sich irgendwann die Schiffe von der Küste Islands. Sie haben die »Glut der Vulkane« geladen. Sie haben den Auftrag, das Feuer durch das Packeis nordwärts zu bringen. Und da die Menschheit bei Döblin so ziemlich alles vermag, nur nicht in Frieden miteinander zu leben, gelingt ihr auch dies: die »Enteisung Grönlands«, getrieben von der verzweifelten Vorstellung, noch einmal einen Kontinent neu besiedeln und erschließen zu dürfen.

Eine utopische Erzählung, dachte ich immer. Science-Fiction aus dem Jahr 1924.

Dann aber stehe ich im Hafen von Kopenhagen oder dem, was an der Strandgade noch von ihm übrig ist, es ist Winter und Abend, windig und kalt. Und alle reden von Grönland: vom Beginn des großen Schmelzens. Natürlich, das ist der Dezember 2009. Die Stadt wimmelt von Menschen, die von der Apokalypse reden und den Klimawandel mit drastischen Worten beschreiben. Überall haben sie ihre Zelte aufgeschlagen, auch die großen, sich geläutert gebenden Industriekonzerne. Zehntausende springen auf den Straßen herum. Sie mahnen und lärmen und belagern die Plätze, die Konferenzhallen, die Fernsehteams aus aller Welt. Kehrt um!, rufen sie. Verzichtet! Noch ist es nicht zu spät!

Gespür für Schnee

In der Strandgade aber, auf der dem Nyhavn gegenüberliegenden Seite des Hafenbeckens, ist der Ton ein anderer. Er klingt gelassener, irgendwie, nahezu euphorisch. Als könnte es mit der »Enteisung Grönlands« nicht schnell genug gehen.

Die Strandgade. Zweihundert Jahre lang dienten Den grønlandske Handels Plads und der bleiche Speicherbau an ihrem nördlichen Ende dem Handel mit Dänemarks arktischen Besitzungen. Noch in der Nachkriegszeit war dies eine geschäftige, nach Fisch und Tran riechende Gegend. Dann verlor die staatliche Handelsgesellschaft, Den Kongelige Grønlandske Handel, ihr Monopol, der Grönlandhandel brauchte mehr Platz, zog in den Hafen von Aalborg. Und der Speicherbau aus dem Jahr 1776 verkam, bis ihm 2003 wieder Leben eingehaucht wurde – unter veränderten Vorzeichen: Anstelle dänischer Kaufleute zogen in »Nordatlantens Brygge« nun die selbstbewussten Vertreter jener Nationen ein, die einst zum dänischen Königreich gehörten und sich doch freizuschwimmen vermochten: Island, das Kopenhagen 1944 in die Unabhängigkeit entlassen hatte. Die Färöer-Inseln, seit 1948 weitgehend Herrscher im eigenen Haus. Und eben Grönland.

Das Land mit dem Eis.

Es ist an diesem Abend nicht zu übersehen, was das bedeutet. An der Strandgade haben sie den Speicherbau der Nordatlantikstaaten mit einer blauweißen Fotoplane überzogen, Scheinwerfer montiert und Lautsprecher versteckt. Alles soll so scheinen, als hätten die Grönländer zur Klimakonferenz einen kompletten Eisberg über den Atlantik nach Dänemark geschafft. Die Polizisten, die vor dem Bau auf und ab gehen und auf die Ehrengäste warten, glauben aus dem Inneren des Eisbergs sogar das Tauwasser-Gerinsel zu hören, ein unablässiges Knacken und Krachen. »Ich sehe das Licht. Es ist gelb, wie das meiste Licht in einer Winterstadt; es hat geschneit, und deshalb hat es, auch wenn es nur ein zartes Licht ist, einen starken Widerschein« – die Szene ist gefährlich nah an *Fräulein Smillas Gespür für Schnee* – »es scheint unten bei einem der Packhäuser, den Speichern, die sie, als sie unsere Wohnblocks bauten, in einem schwachen Moment beschlossen haben stehen zu lassen. Auf der Giebelseite, zur Strandgade und nach Christianshavn zu rotiert das Blaulicht eines Streifenwagens. Ich sehe einen Polizisten. Die provisorische Absperrung aus weiß-roten Plastikbändern. Das, was dort abgesperrt ist, kann ich als kleinen dunklen Schatten auf dem Schnee ausmachen.« Die Sache mit dem Grönland-Jungen, der vom Dach fiel, ganz in der Nähe.

Aber gut. Wie lang das nun wieder her ist.

Nicht, dass die gebrochenen Gestalten verschwunden wären, die der Durchschnittsdäne für den Durchschnittsgrönländer hält; zwei von ihnen wankten eben auf das steinerne Kajak-Denkmal an Christianshavn Torv zu, dick eingepackt in alte blaue Anoraks, die Gesichter noch leerer als die Flaschen. Auch die Erinnerungen an die dänische Kolonialherrschaft und ihre Folgen sind wach, sonst wäre eben nicht dieser Film über die 22 Kinder gedreht worden, die Dänemarks Staat 1951 grönländischen Familien entriss, um sie auf Elite zu trimmen. Sonst hätte auch Inuk Silis Høegh, ein junger grönländischer Künstler, 2004 nicht vor »Nordatlantens Brygge« das Unternehmen »Melting Barricades« für notwendig gehalten: die absurde, bis ins letzte Panzerglied vorbereitete Besetzung Dänemarks mit grönländischen Truppen. Join the Greenlandic forces!

Doch passte schon »Melting Barricades« – es war der Sommer, in dem Grönland auf den Weg zu mehr Autonomie gebracht wurde – nicht mehr in das Klischee, in dem die Inuit die Rolle des passiven, apathisch im (ewigen) Eis vor sich hin dämmernden Subventionsempfängers zu übernehmen hatten. Denn Grönland erwacht, daran ist auch der Klimawandel schuld. Er verändert die Nordpolargebiete in einem atemberaubenden Tempo. In Alaska sollen die Durchschnittstemperaturen in den vergangenen fünfzig Jahren um sechs Grad angestiegen sein. Nordnorwegen erlebt das wärmste Jahrzehnt seit Beginn der Wetteraufzeichnungen. Überall taut der Permafrostboden so stark auf, dass Wissenschaftler der freigesetzten Gase wegen vor einer »Zeitbombe« warnen. Und wer in den Lokalgazetten blättert, liest von Häusern, unter denen der Boden bröckelt, von Rentierherden, die in das Eis der Seen einbrechen, vom Frust der Eisangler.

Und Grönland? Ach, Grönland. In Grönland, heißt es immer wieder, schmelze und breche die Lebensgrundlage einer ganzen Kultur hinfort. Dabei ist es genau umgekehrt. Die Welt, mit der Grönland glücklich werden könnte, taucht gerade erst aus dem Eis auf. Nur dass es dafür nicht, wie bei Döblin, des Knopfdrucks einer ums Überleben kämpfenden Menschheit bedurfte.

Endlich träumen

»Wir sind eben auch Gewinner des Klimawandels.« Das erzählt mir später die Studentin im Grönlandhaus, der alten Silberschmiede an der Løvstræde, die Kopenhagen 1974 den hiesigen Grönländern überließ. Die vier Grönlandhäuser in Dänemark sind Anlaufstellen für all jene aus der Kälte (3500 sollen es in den Siebzigern gewesen sein, heute sind es mehr als zehntausend), die auf dem alten Kontinent studieren oder arbeiten oder strandeten. Im Erdgeschoss an der Løvstræde gibt es ein schlichtes Restaurant. In den Obergeschossen befinden sich die Sozialberatung, Vereins- und Ausstellungsräume und ein Kulturbüro. Irgendwo hier muss, oft bis spät in die Nacht diskutierend, auch die erste Politikergeneration gesessen haben, die 1979 die »Hjemmestyret« erkämpfte, eine Art »Home Rule«-Regelung für Grönland, wie sie England einst Irland gewährte. Oder aber Dänemark Island und den Färöern.

»Im Norden Grönlands ist das mit dem Klimawandel natürlich schwierig«, sagt die Frau mit dem offenen Gesicht. »Dort gibt es noch Jäger. Sie brauchen das Eis, um jagen und schnell von Ort zu Ort kommen zu können. Wenig Eis wäre für sie auch gut. Aber dünnes und brüchiges Eis ... das ist ein Problem.«

»Und im Süden?«, frage ich, unzufrieden mit diesem Wort.

»Im Süden wird so etwas wie Landwirtschaft möglich«, sagt sie. »In den Felsen, die aus dem Eis auftauchen, sind außerdem neue Minen denkbar, und auch die alten, längst stillgelegten Minen werden wieder geöffnet.«

»Ja, aber hat das nicht auch etwas mit den steigenden Rohstoffpreisen zu tun? Deshalb doch auch die Suche nach dem Öl und dem Gas, draußen im Meer.«

Die Studentin bleibt ruhig. Derartige Gespräche hat sie schon hundert Mal geführt, mit dänischen Kommilitonen zum Beispiel, die auch im 21. Jahrhundert noch fragen, wie man »dort oben« bloß leben könne, »so nah am Nordpol«. »Ganz genau«, sagt sie daher, »da musst du gar nicht so gucken oder mit Romantik kommen. Europa durfte sich jahrhundertelang entwickeln. Europa hat einen ganzen Kontinent gerodet und keinen Berg unangetastet gelassen. Dürfen wir da nicht wenigstens hier und dort neue Gruben und Förderplattformen errichten?« Sie gehört zu der Elite der jungen, besser denn je ausgebildeten Generation. Sie hat es erlebt, wie sich eine kleine, völlig isolierte Welt binnen weniger Jahre veränderte: »Wir werden versuchen, im Zuge dieses Aufbruchs nicht dieselben Fehler zu machen wie Mitteleuropa.« Sie schaut in den Innenhof, dünner Schnee weht gegen das Fenster. Sie will noch vom Internet reden, das Grönland aus der Isolation befreie, es vernetzte und politisierte. Doch sie sagt nur: »Ist es nicht schön, dass wir endlich einmal träumen?«

Wer im Dunkel sitzt, zündet sich nun einmal einen Traum an. Ob der nun am Ende tatsächlich darauf hinausläuft, unabhängig von den dänischen Almosen zu werden, die mehr als die Hälfte der grönländischen

In der Strandgade: »Nordatlantens Brygge«

Einnahmen und zwei Drittel der Apathie ausmachen? Oder auf etwas mehr Anerkennung und Respekt, auf die Gewissheit, eine wirkliche Aufgabe zu haben?

Die Schatzinsel

76 Prozent der grönländischen Bevölkerung stimmten bei der Volksabstimmung im November 2008 für den Deal, den eine 2004 eingesetzte grönländisch-dänische Kommission ausgehandelt hatte: Nach Jahrhunderten der Fremdbestimmung und drei Jahrzehnten der eingeschränkten Selbstverwaltung erhielt Grönland damit auch das Recht, frei über seine Ressourcen und sein weiteres Verhältnis zu Dänemark zu entscheiden. Im Gegenzug versprach es, die Hälfte der Einnahmen aus dem Öl- und Gasgeschäft (abgesehen von einem kleinen Sockelbetrag) mit den Subventionen aus Kopenhagen zu verrechnen. Eine Kleinigkeit, dachte man in Nuuk. »A recent study of hydrocarbon potential, led by the U.S. Geological Survey, concluded the continental shelf off northeast Greenland alone could harbor oil and gas reserves to rival Alaska's North Slope.« Das schrieben amerikanische Diplomaten, die Washington an die Thule Air Base im Norden Grönlands erinnerten. »After a thousand-year interval of cooling, average temperatures in Greenland have in this century climbed to the level they were during the first Viking settlements of 986 AD. [...] Meanwhile, the resource possibilities in Greenland are not limited to oil and gas. The Greenland government [...] expects at least five significant new mines to open in the next five years, harvesting everything from diamonds and rubies to mo-

lybdenum and zinc.« Grönland, die Insel der Ungleichzeitigkeiten? Ich streiche es durch auf dem Notizblock, schreibe: »Eine Schatzinsel«.

Der Ausgang des Referendums wurde am Rand des Inlandeises in einer Ausgelassenheit gefeiert, als hätte man einen Jackpot geknackt. Völlig unabhängig davon, dass man die Dänen am Ende womöglich doch noch brauchen würde: für den Sozialstaat, für die Universitäten, für die Verwaltung und die Landesverteidigung am Nordpol. Aber gut. Was grönländisch ist und was dänisch, das hat sich im Alltag ohnehin bereits vermischt.

Allein der Liebe wegen.

Genau ein Jahr ist das nun her, als Inuk Silis-Høegh, der Künstler mit der Invasionstruppe, den Speicherbau an der Strandgade in einen tropfenden Eisberg verwandelte. Ein trauriges Bild, sagen die Klimaaktivisten, die den Bau während der Klimakonferenz von Kopenhagen aus der Ferne fotografieren: eine Warnung.

Neue Möglichkeiten

Aber, wie gesagt. Im Inneren des Eisbergs geht es anders zu. Die Abendgäste, fröstelnd noch vom Wind über der Stadt, klettern eine Treppe hinauf, schleichen vorbei an einem ausgestopften Eisbären und den Design-Büros der grönländischen Vertretung. Die Brillen beschlagen, laute Musik drückt auf das Ohr. Grönlands sozialistischer Ministerpräsident ist da, auch Kronprinz Frederik, der die Eisinsel einmal per Hundeschlitten durchquerte (seinen Zwillingen wird er später die grönländischen Namen Minik und Ivalo geben). Sie werden allesamt von Karten eingerahmt, auf denen Grönland seine Rohstoffvorkommen verzeichnet hat, sie blättern in Merkheften, auf denen »Greenland Development« für den Bau eines Aluminiumwerkes wirbt, nippen an einer Flasche frischen Schmelzwassers aus Grönland, die ein findiger Unternehmer unlängst auf den Markt brachte.

Das sind sie wohl – die »neuen Möglichkeiten«, von denen Kuupik Kleist, der in der Bergbausiedlung Qullissat aufgewachsene Ministerpräsident, auf der Bühne spricht. »Die Schmelze wird auch zu einer enormen Wasserkraft führen«, sagt er. »Das gibt uns die einzigartige Möglichkeit, eine energieintensive Industrie anzusiedeln, die mit nachhaltiger Energie betrieben wird. All dies ist entscheidend, um unsere wirtschaftliche Selbständigkeit zu sichern.« Er vergisst auch nicht, auf die Auswirkungen des Klimawandels auf die Fischgründe hinzuweisen: »Aber wie unsere Vorväter müssen wir uns erheben und die Herausforderung annehmen und uns den zugänglichen Arten und Vorkommen anpassen.« Es ist ein kleiner, sehr schmaler Raum. Das lässt den Applaus noch lauter wirken als ohnehin schon, und die Augen der Grönländer im Publikum strahlen.

Nur wenige von den Gästen im Giebel machen zwischen den Stellwänden den kleinen Garten aus. Auch der ist ein Kunstwerk, gebaut von Bolatta Silis-Høegh, Inuks Schwester: eine grönländische Idylle »anno 2072«, mit Tulpen und Palmen und Sonnenliege. Und wer es tragen kann, dem wird auch der Bikini aus synthetisch imitiertem Seehundfell stehen.

Das zugehörige Freibad jedenfalls steht schon. Ich habe es mit eigenen Augen gesehen, unweit der Plattenbauten von Sisimiut, mit denen Dänemarks Sozialdemokraten einst das Glück nach Grönland brachten. Einer der Bewohner hatte an die Betonwand ein orthographisch grenzwertiges »Fock you« gemalt. Ich machte damals ein Foto, ging zurück durch den Ort, und die Schlittenhunde am Wegesrand, Dutzende Hunde an langen Ketten, waren hungrig und verzottelt. Ein trauriges Land, dachte ich. Dann aber setzte sich unser blaues Schiff in Bewegung. Es fuhr nordwärts, den Kindern am Ende der Diskobucht entgegen. In Popstar-Posen standen sie auf den Felsen zum Meer, fröhlich winkend und voller Zuversicht. Und die Eisberge trieben so majestätisch auf dem Wasser entlang, dass ihr Anblick, die Stille und das Licht um uns herum kaum auszuhalten waren. c

MATTHIAS HANNEMANN, geboren 1975, war Nordeuropa-Stipendiat des Internationalen Journalistenprogramms IJP; ist Journalist, Historiker und Autor und schreibt u. a. für die *Frankfurter Allgemeine Zeitung* und das Wirtschaftsmagazin *brand eins*. Von ihm erschien bei Scoventa *Der neue Norden. Die Arktis und der Traum vom Aufbruch*.

KURT TUCHOLSKY

Eine schöne Dänin

Daß die Leistungsfähigkeit der Kühe unter diesen Umständen sehr gering war«, stand in dem schönen Führer durch Dänemark, den man mir freundlicherweise im Außenministerium gegeben hatte, »ist selbstredend. Die durchschnittliche Milchleistung pro Kuh – «. Gut. Wovon aber gar nichts in diesem Buche zu lesen war, das waren die Frauen des Landes.

Nordische Frauen –! Was habt ihr doch für einen falschen Ruf!

Da heißt es von der Französin, sie sei locker, kokett, der Liebe ergeben, und was weiß ich. Und ist doch das treueste Heimchen am Herd, das sich denken läßt – es gibt keinen Frauenberuf in Frankreich – keinen! Oh, ihr nordischen Schwestern – in dem das nicht zu spüren wäre. Ihr hingegen … Das ist ein weites Feld.

Guten Tag, Kopenhagen! Wohlschmeckend schritten die jungen Damen dahin und guckten Esperanto und sprachen ihre Sprache. Wenn die Dänen das, was sie zu sagen haben, auf Schilder gedruckt dem Fremdling entgegenhielten, ließe es sich allenfalls erraten – so viel Plattdeutsch und Englisch verstehen wir auch bei Regenwetter. Zum Sprechen eignet sich die dänische Sprache weniger – sie zerschmilzt den Hiesigen auf der Zunge und eilt leichtsilbig dahin, und alles ist ein einziges Wort, und es ist sehr schwer.

Und wenn man also im ›Fiske-Restaurant‹ gar nichts sagt, bekommt man zu viel zu essen, und wenn man etwas sagt, erstickt man in kalten und warmen Speisen; und ich glaube: wenn einer richtig Dänisch kann und etwas bestellt, dann bekommt er den Wirt in Gelee. Gott segne die dänischen Kalorien.

Ja, die Frauen ... Ich war den ganzen Tag herumgelaufen und freute mich auf den Abend. Für den Abend hatte ich mir etwas ausgedacht. Da stand an einem Tanzlokal – soviel konnte ich lesen –, daß da also getanzt werden würde, und daß da zwei Orchester spielten, und dann:

INGEN PAUSER.

›Ingen‹ – das war wohl die dänische Form für ›Inge‹ –, welch ein schöner Name! Ingen Pauser ... Wie mochte sie aussehen? Lang, weiß, schlank, blond – mit einer Schnuppernase und fest im Fleisch. Ja, das wollten wir also wohl einmal sehen.

Inzwischen war Lange Linie zu besichtigen und im Hafen herumzufahren, und es waren alle jene netten Überflüssigkeiten zu exekutieren, die im Führer stehen. Nach der vierten begann ich zu schwänzen ... es war viel amüsanter, Klatsch zu hören und den Nebel, in dem die dänischen Berühmtheiten für uns dahinschreiten, sich zerteilen zu sehen – und siehe da: da hatten sie hochgeschnürte kleine Provinzbusen und lispelten und schielten und waren dreimal geschieden, und ein Glitzerwerk von Ironiegeflitter ging über die Armen dahin, vor denen ich zu Hause, vor dem Bücherschrank, so eine große Hochachtung gehabt hatte. Richtig – Inge!

Ich würde nach den ersten Formalitäten ›Inge‹ sagen – ›Ingen‹ das ist nichts. Wenn sie einen Funken Nettigkeit im Leibe hat, besitzt sie eine Tante auf Jütland. Wir wollen nach Jütland fahren – in Kopenhagen ist sie vielleicht zu bekannt. In Jütland soll eine kleine Stadt dastehen mit einem Backsteinkirchturm und abendlich erdunkelnden Bäumen auf dem Marktplatz ... Vor dem Schlafengehen spazieren wir ein bißchen durch die Sträßchen und Straßen und dann einen Feldweg entlang, und Inge erzählt von ihrer Schwester, die in Amerika lebt, und von einer Reise nach London – dann blinzelt der erste Stern herunter, und dann sagen wir gar nichts mehr ...

Ja, sie kann Deutsch. Natürlich kann sie Deutsch. Sie spricht es auf diese entzückende Art, in der es hier viele Leute sprechen: lehrreich und bezaubernd falsch. »Soll ich das Essen heißen?« fragen sie, und – warum soll man das eigentlich nicht sagen? Wenn es ›erwärmen‹ gibt – warum soll es nicht ›heißen‹ geben? Und sie sagt mir: »Kopenhagen ist selbstfroh«, was wohl so etwas wie ›mit sich zufrieden‹ bedeutet – und es tut den Ohren und allen Sinnen wohl, Deutsch auf eine so neue und so überraschende Art zu hören. Es ist, wie wenn jemand die Sprache neu zu schaffen unternähme ... Schmeckt ihr Kuß salzig? Das werden wir ja sehen. Das werden wir ja alles sehen –

Das Gold auf dem Rathaus erglänzt im letzten Sonnenlicht. Aus den Schaufenstern der Kinos blicken geschmalzte Fotographien auf die Straßen, und die Gesichter der Stars sehen süß und fett aus wie die dänischen Kuchen, und vor dem Tivoli steht ein Mann und singt ein Lied, das ich schon einmal gehört haben muß ... ›B.Z.‹ sagt er –

Und im Tivoli hängt in den Bäumen die Sehnsucht aller dänischen Matrosen, die gerade auf hoher See sind, ›Tivoli‹ denken sie, wenn sie in die Wanten klettern, und ›Tivoli‹ in den Kohlenbunkern und ›Tivoli‹ auf dem Broadway ... Und hoch oben, gegen den hohen blauen Abendhimmel, steht ein deutscher Artist im weißen Trikot, bereit, zu einem Looping abzuspringen: »Achtung!« ruft er – und da lachen Leute vor einem Freilicht-Kino, und da kreischen sie auf der Rutschbahn ... Und ich denke an Inge. Ingen Pauser –

Und bei Vivel wedeln die Kellner ungeduldig mit den Servietten, und wenn jetzt der Oberkellner mit dem Finger winkt, dann ergießt sich aus dem doppeltgeöffneten Tor eine ganze Heringsflotille hervor, man möchte ein Hering sein, nur um zu wissen, wie ein dänischer Magen von innen aussieht, es ist nicht vorstellbar.

Jetzt aber ist es neun Uhr, und nun will ich zu Inge gehen. Ja, und wenn wir in der jütländischen Stadt angekommen sind, dann soll aus einem geöffneten Fenster der kleine Walzer ›Always‹ herausklingen, das denke ich mir besonders hübsch, und dabei wollen wir einschlafen. – – –

Schade. ›Ingen Pauser‹ ist kein Name. Es heißt ›Keine Pause‹ – und pausenlos spielen die beiden Orchester in dem Tanzlokalchen, es ist gar keine Inge da, und auf leicht nach innen gesetzten Füßen stiefle ich ins Freie, sanft begossen vom Schein des Mondes und einer umsonst geliebten Liebe.

KURT TUCHOLSKY,
1890 in Berlin geboren, war einer der bedeutendsten Journalisten und Schriftsteller der Weimarer Republik.
Zu seinen bekanntesten Büchern gehören u.a. *Rheinsberg; Schloß Gripsholm; Deutschland, Deutschland über alles;* er nahm sich 1935 das Leben. Sein Werk liegt bei Rowohlt vor.

»Absolut Modern« – Ausstellung zum 100. Geburtstag von Arne Jacobsen, Deichtorhallen Hamburg, 2003. Zu sehen ist das legendäre Zimmer 606 des »SAS Royal Hotels« in Kopenhagen.

SO TUN, ALS OB

RAINER MORITZ *über das Schöne,
das überstanden werden muss*

Vilhelm Hammershøi, *Offene Türen,*
Öl auf Leinwand, 1905

Kopenhagen bestätigt alle Vorurteile. Meine zumindest. Wer reist, weiß vorher manchmal viel, hat Atlanten und Kulturführer gewälzt, will sich so für den Ansturm der Eindrücke wappnen und vertraut einem Werbeslogan, der einem weismachen will, dass derjenige, der mehr weiß, mehr sieht. Selbst wer sich dumm stellt und nicht einmal die Wikipedia-Einträge zu seinem Reiseziel nachschlägt, fährt nicht als gänzlich Unbedarfter los. Sich einzubilden, man träte einer nicht völlig außerhalb unserer Zivilisation liegenden Gegend unvoreingenommen gegenüber und hätte nur darauf zu warten, dass sich das vermeintlich weiße Blatt des Bewusstseins allmählich konturiere, ist eine naive Selbsttäuschung. Man reist in die Ferne, um sich unbewusst oder halb bewusst mit seinen Vorurteilen zu befassen. Weltoffen, wie jeder sein möchte, gesteht man sich ungern ein, mit Vorurteilen behaftet zu sein.

Kopenhagen hat mich aus dieser Bredouille befreit, gleich beim ersten Mal. Mein Dänemark- und Kopenhagen-Bild wies lange Zeit sehr grobe Umrisse auf. Da ein bisschen Literatur – Hans-Christian Andersen, Karen Blixen, Herman Bang oder Jens-Peter Jacobsen –, da die Freude am charmanten Akzent, mit dem Gitte oder Vivi Bach (ja, die Dietmar-Schönherr-Gattin aus »Wünsch dir was«) einst die deutsche Sprache traktierten. Der Maler Vilhelm Hammershøi, gewiss, der Wohlfahrtsstaat, die Liberalität, dazu Legionäre wie Allan Simonsen und Flemming Poulsen, die als »Danish Dynamite« die Fußball-Bundesliga bereicherten, und – wenn man Spezialinteressen wie ich hat – Grete und Jørgen Ingmann, die 1963 mit *Dansewise* erstmals für Dänemark den Grand Prix Eurovision de la Chanson gewannen. Zwei ereignislose Sommerurlaube, die mich mit der wohltuenden Langeweile jütländischer Küsten vertraut machten, änderten nichts an diesem Bild der Versatzstücke, zumal ich es, eingedenk von Siegfried Lenz' famoser Erzählung *Kummer mit jütländischen Kaffeetafeln,* vermied, Einladungen zur Nachmittagsjause mit Napoleontorten und Cremeschnitten anzunehmen.

23.3.1963: Grete und Jørgen Ingman (2. und 3. v. l.) gewinnen den 8. Internationalen Schlagerwettbewerb der Eurovision in London. Der Wettbewerb fand erstmals in einem großen Fernsehstudio statt.

Sachlich souverän, freudig lässig

2001 fuhr ich erstmals nach Kopenhagen, im guten Gefühl, einem nationalen, völkerverbindenden Großereignis beiwohnen und Grete und Jørgen Ingmann – siehe oben – Referenz erweisen zu dürfen. Zusammen mit 37.999 anderen der populären Musik gegenüber aufgeschlossenen Menschen saß ich in der Parken-Arena, wo normalerweise sportliche Großveranstaltungen stattfinden, und nahm – live! – am Grand Prix teil, den die Olsen Brothers mit ihrem unvergessenen *Fly over the Wings of Love* nach Kopenhagen geholt hatten. Ich fieberte mit der deutschen Sängerin Michelle, schwärmte für die Französin Natastha St Pier (die außer mir keiner mehr kennt) und habe heute keine Ahnung mehr, wer damals und warum die Grand-Prix-Siegerpalme erhielt.

Alles an diesem Tag, alles an meinem ersten Kopenhagen-Aufenthalt war gelungen; alles strahlte eine sachliche, nicht mit Emotionen protzende Souveränität aus, die ich mir zuvor im Kopf zurechtgelegt hatte und die bis ins Detail bestätigt wurde. Wo immer die Grand-Prix-Reisenden an diesem freundlichen – sonnig, das wäre in meinen Augen untypisch und zu viel für Kopenhagen gewesen – Nachmittag in der Innenstadt zusammenkamen, herrschte eine lässige, selbstbewusste Atmosphäre. Franzosen, Litauer und Spanier, die sich mit ihren Länderfähnchen zum Kaffee niederließen und nach Tuborg verlangten, genossen die Unaufgeregtheit der Kopenhagener, die sich über Freizügigkeiten und Absonderlichkeiten nicht erregten.

Es geht auch ohne Geschmacksbeleidigungen

Seitdem komme ich ein-, zweimal im Jahr nach Kopenhagen. Ich bin kein intimer Kenner der Stadt und ihrer Sehenswürdigkeiten und habe nicht vor, einer zu werden. Wer jedes Mal allenfalls zwei, drei Tage zur Verfügung hat, sollte sich bescheiden und sich nicht in den Kopf setzen, möglichst viele Ecken und Winkel aufzusuchen. Gewiss, im Lauf der Jahre habe ich dies und jenes gesehen, Andersens kleine Meerjungfrau natürlich, die Nationalgalerie und den Tivoli. Doch mein Ehrgeiz, abzuklappern, was Reiseführer empfehlen, ist in Kopenhagen besonders klein. Ich freue mich daran, dass ich inzwischen die Wege der Innenstadt wiedererkenne und mir die Verkäuferinnen an den *Pølser*-Buden vertraut vorkommen. Und ich habe stets das Gefühl, in eine Stadt zu kommen, die so tut, als ließen sich die hässlichen Seiten des Lebens abmildern, als könnte es gelingen, den Intérieurs und Extérieurs einen Gestaltungswillen aufzuzwingen.

Wahrscheinlich empfand ich das schon so, als ich 2001 in Kopenhagen-Kastrup ankam und beglückt feststellte, dass selbst international frequentierte Flughäfen nicht aussehen müssen wie die in Frankfurt am Main oder, noch schlimmer, in Paris. Geschmackvoll gab und gibt sich dort alles. Die Gänge sind weit, die Shops wirken so, als würden sie nicht ausschließlich von Bauernfängern betrieben, und sogar der Anblick der Fischgerichte in den Restaurants lässt einen ernsthaft in Erwägung ziehen, das tollkühne Projekt eines Mittagessens am Flughafen anzugehen.

Dänemark ist – auch das so ein unausrottbares Klischee – eine Hochburg für Architekten und Designer, und meine Kopenhagen- und Aarhus-Reisen lassen mich uneingeschränkt an dieses Klischee glauben. Das hatte, wie gesagt, zuerst mit dem eleganten Ambiente des Flughafens zu tun und, zwanzig Minuten später, mit dem Betreten des (Radisson) »SAS Royal Hotels«. Nicht irgendeine Herberge mit übertueren Preisen, sondern ein Bau, der innen und außen erkennen ließ, dass ein berühmter Architekt – Arne Jacobsen – den Versuch unternommen hatte, ein Gesamtkunstwerk zu schaffen. Ein Monument durchdachten dänischen Designs, las ich später, sei das Hotel, eines, das über die Jahre viele Veränderungen erfuhr und das dennoch in Details die Handschrift Jacobsens zeigte. Dessen Sitzklassiker fanden sich in der Tat in meinem Zimmer und gaben mir die Zuversicht, dass Unverwechselbarkeit durchaus ein Kriterium für Hotelanlagen sein kann. Dass man in Jacobsen-Sesseln beileibe nicht immer bequem sitzt, steht auf einem anderen Blatt.

Wenn ich heute in den kleineren Hotels unweit der Nørreport-Station unterkomme, im »Ibsen's« oder im »King Arthur«, schlafe ich nicht in Kultstätten des Designs, doch auch dort überkommt mich das Gefühl, dass man sich in Kopenhagen nicht mit den unabweisbaren Geschmacksbeleidigungen der (Post-)Moderne zufriedengibt. Der Schmerz, den das Auge empfindet, lässt sich abschwächen, ganz ohne Gelsenkirchener Barock und Einheitsarchitektur. Dass man das »SAS Royal Hotel« von außen betrachtet, als protzig und kalt empfinden mag, ändert daran nichts.

Unterkühlter Chic findet sich überall in Kopenhagen. Wer die Strøget, diese langgezogene Einkaufsstraße, und ihre Abzweigungen abschreitet, findet neben den metropolenüblichen Flagstore-Läden der Bekleidungsindustrie immer wieder Läden, die unkonventionelle Küchenobjekte oder Papeteriewaren anbieten. Bis ins Kleinste – so scheint man dort zu den-

Kopenhagens Flughafen – ein bisschen Kathedrale

ken – lässt sich das Leben angenehmer gestalten, und der Geldbeutel muss dafür nicht unbedingt überstrapaziert werden.

Mit Rührstab und Socken im Gepäck

Meine Spaziergänge durch Kopenhagen unterscheiden sich deshalb kaum, folgen einem eingespielten Rhythmus. Zwei, drei unbekannte Flecken dürfen pro Jahr hinzukommen, mehr nicht. Wer ein Buch, eine Kirche oder ein Restaurant verstehen will, sollte es nicht bei einem einmaligen Kontakt bewenden lassen. Man wird klüger, wenn die Sensation des Neuen von der beharrlichen Kraft der Gewohnheit abgelöst wird und man gezwungen ist, sich mit dem scheinbar Vertrauten intensiv auseinanderzusetzen. In zwanzig Jahren schätzungsweise wird mein Kopenhagen-Bild halbwegs differenzierte Züge aufweisen.

Gerne würde ich ein Stück des geordneten, freundlich-funktional designten Kopenhagener Alltags mit nach Hause nehmen – so wie andere Serrano-Schinken aus Spanien oder Muscat-de-Frontignan-Flaschen vom französischen Mittelmeer in die eigenen vier Wände schleppen. Ich schrecke nicht vor solchen Trivialitäten zurück und bilde mir ein, meine Küche kopenhagenerischer auszustaffieren, wenn ich einen gewiss nicht von Alessi oder Colani gestalteten Rührstab dänischer Provenienz wie eine Trophäe in meinen Koffer lege. Und ganz selbstverständlich ist es mir geworden, meinen jährlichen Sockenbedarf in Kopenhagen zu erwerben, genauer, im Kaufhaus Illum in der Østergade. Paradiesische Strumpf- und Sockenzustände herrschen dort, und das ungezwungene Kopenhagener Flair muss es sein, das mich dazu bringt, Socken in gewagtesten Farben und Mustern zu erstehen. Niemals würde ich zu Hause derartige Kühnheiten begehen. Wie froh und frei fühle ich mich jedoch, wenn ich diese wirklich nicht dezenten Socken dann in Hamburg ausführe und mir einbilde, zumindest an den Füßen dänisches Lebensgefühl zu haben – selbst wenn es mir, ich gestehe es, bisweilen unterläuft, dass die eine oder andere Socke in Schweden hergestellt wurde.

Selbst in edleren Kopenhagener Restaurants – man sollte ja nicht permanent die ebenfalls sehr bunten *Pølser* zu sich nehmen – regiert eine Dezenz, die den Gast zwar nicht sofort mit den Kreationen der Mole-

Kaufhaus Illum

Bolihus-Besen

kularküche aufschreckt, ihm aber dennoch zeigt, dass man sich beim Zubereiten und Anrichten etwas gedacht hat. Nein, mein Budget reicht nicht aus, das als weltbestes Restaurant gekürte »Noma« aufzusuchen. Stattdessen gab ich mich in den letzten Jahren mit den Häusern »Eraora« und »Ensemble« zufrieden, wo man eine Auster so adrett für mich gratinierte, dass mir als vehementem Feind der Auster nichts anderes übrigblieb, als das überkrustete glitschige Teil hinunterzuschlucken und glaubhaft den Eindruck zu vermitteln, es habe mir gemundet.

In diesem So-tun-als-ob besteht für mich der Reiz Kopenhagens. Er ist versehen mit einem Anflug von Selbstironie, die weiß, dass sogar ein schön gestaltetes Leben gelebt und überstanden werden muss. Anderswo stellt sich dieses Gefühl nicht ein, und ein paar Wochen lang halten diese Darbietungen des gestalteten Alltags vor. Wahrscheinlich, werden eingefleischte Bewohner Kopenhagens sagen, reime ich mir das alles ohnehin nur so zusammen, wie es mir passt. Natürlich, antworte ich denen – tut man das nicht die ganze Zeit?

Immerhin bin ich selbstkritisch genug, nicht alle Häuser, Läden, Parks und Kirchen in Kopenhagen durch meine Designerbrille zu betrachten. Wenn ich genug gesehen und als kopenhagentypisch empfunden habe, gehe ich in ein x-beliebiges Eckcafé und kümmere mich nicht um dessen Inneneinrichtung. Ins »Café Classé« im Rosegården zum Beispiel, wo es kaum anders aussieht als in einem Café in Oberhausen, Luzern oder Stade. Dessen Cheeseburger mit Fritten zeugt in nichts von dänischer Gestaltungskunst, und das tut zur Abwechslung gut. Immerhin ist das »Café Classé« so klein, dass es mir erlaubt, meine Petit-Cigarillos (»An Air of Danish Quality«) zu rauchen, ohne Proteststürme oder Bußgelder zu ernten. In Etablissements, die weniger als 40 Quadratmeter aufweisen, gestattet das die dänische Gesetzgebung nämlich.

Die Mannschaft des »Noma«

RAINER MORITZ,
1958 geboren, leitet das Literaturhaus Hamburg.
Zuvor war er im Verlagswesen tätig, zuletzt als Programm-Geschäftsführer bei Hoffmann und Campe.
Er ist Literaturkritiker, Kolumnist und Autor zahlreicher Bücher, zuletzt erschienen *Die schönsten Buchhandlungen Europas* (mit Reto Guntli) bei Gerstenberg, und der Roman *Madame Cottard und die Furcht vor dem Glück* bei Piper.

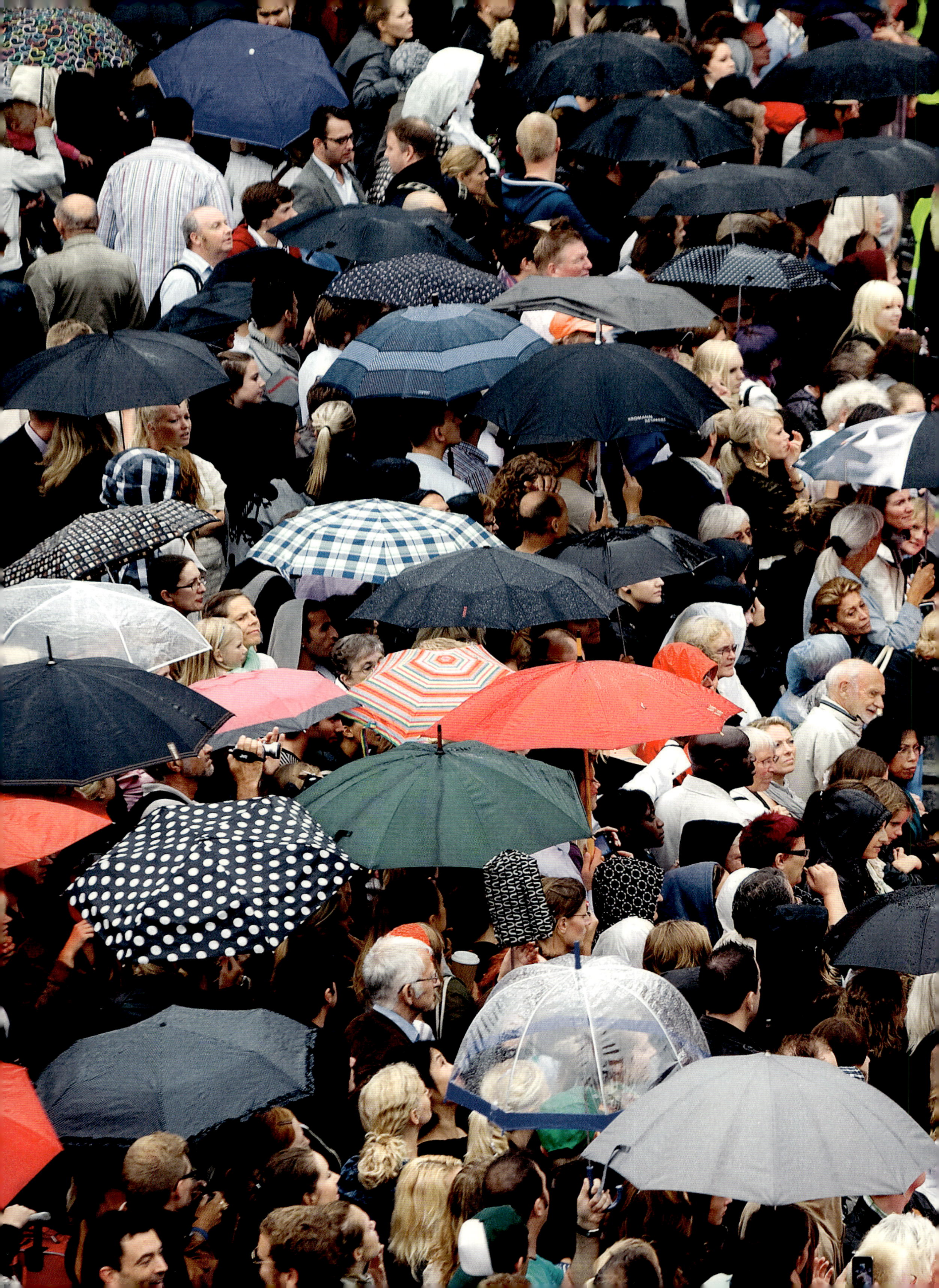

Die Mode der Mitte

Fisch, Fashion,
Fahrräder:
ANOUK JANS
über die
Modemetropole
des Nordens

corso*folio* | Kopenhagen

Oft zeichnet ein tiefes Grau, das ab und an auf ein dunkles Blau oder Schwarz trifft, den Himmel über Kopenhagen. Diese Farben sind es, die Modedesigner wie Jean Philip Dyremasen, Stine Goya, Prisca, Acne, Wood Wood und viele weitere aufgreifen und ins Zentrum ihrer Kollektionen setzen. Vor allem Acne schaffte es, die Grenzen Skandinaviens zu überschreiten und sich den Weg in die Welt zu bahnen. Acne Jeans begann 1997 in Stockholm, einer Stadt, die einen stetigen Konkurrenzkampf mit Kopenhagen führt. Man stellte 100 Paar Jeans mit roten Maschen her und verteilte sie an Freunde. Auf die skandinavische unkomplizierte Art begann man derart eine Marke zu etablieren, die für besonderes Design und neue Wege des Marketings steht: »Marketing unter Freunden«. Die Mode von Acne wurde in Kopenhagen wie ein dänisches Label aufgenommen und inspirierte auch dort ansässige Designer.

Kopenhagen vereint eine Menge unterschiedlicher Dinge, und gerade in der Mode verschmelzen dänische und skandinavische Elemente. Natürlich gibt es große Unterschiede zwischen den einzelnen Designern, doch werden sie durch eines geeint: den Sinn für schlichte Eleganz. Skandinavische Mode ist nie zu extravagant, weder im Design noch im Preis. Selbstbewusst setzt man auf einen individuellen Look, der nie »overstylt«, doch immer besonders wirkt. Eleganz und Funktionalität sind unzertrennlich, und Luxus verbindet sich mit dänischer Lässigkeit.

Copenhagen Fashion Week, Frühjahrs-/Sommerkollektion 2011

Räder, Träume, Märchen

Auf dem Weg zu den Showrooms der Designer, von denen die meisten in der Altstadt liegen, in dem magischen Dreieck, das sich von der U-Bahn-Station Nytorf zur Universität und von dort zum Königlichen Garten zieht: Wassernixen und Schwäne, Meerjungfrauen und andere, unbekanntere Wesen blicken auf uns, während wir durch Gassen gedrängt werden und versuchen, über die meist blonden Köpfe hinweg etwas zu erspähen.

Ein Klingeln reißt verträumte Passanten aus Tagträumen – eines der unzähligen Fahrräder versucht sich seinen Weg durch die Menge zu bahnen, auf dem Sattel ein aufgeregter Geschäftsmann in Anzug und Krawatte. Das Fahrrad und Kopenhagen sind eins. Wendig und schön sind sie, die unverzichtbaren zweirädrigen Freunde der Dänen. Eine Freundschaft fürs Leben, der sich die Mode angepasst hat – selten nur hat ein dänischer Designer Mode entworfen, mit der man sich nicht aufs Fahrrad schwingen könnte.

So auch die Mode von Susanne Rützou. Lebensfroh, von der Natur inspiriert und verwunschen ist sie, ihr Katalog ein modernes Bilderbuch für die Optimistinnen unter den Träumern. Und wie ein phantasievoller Traum sind auch die Ornamente und Muster, die ihre Kleider und weiten Hosen der Sommerkollektion schmücken. Ab und an blitzt eine kräftige Farbe zwischen dem so dänischen Blaugrau und Schwarz hervor.

Ebenso träumerisch und zugleich praktisch sind die Kreationen des Labels Day, bekannt für eine gelungene Mischung aus ethnischen Elementen und Vintage, die ihre Gestalter selbst passend *Haute Bohème* nennen. Glamouröse, doch nicht überzogene Mode, die jeden Tag getragen werden kann und beim Träger neue Seiten seiner Persönlichkeit zutage fördert.

Doch entwerfen Dänen nicht nur Mode, die aus Träumen zu entstehen scheint, in denen alles zart und rein ist – Designer wie The Baand kreieren Kollektionen, die zwar der typisch dänischen Schlichtheit treu bleiben, sie dabei aber neu interpretieren und ihnen eine rockige Note hinzufügen, beispielsweise mit Drucken wie denen des New Yorker Graphikers Matthew Langille, die er speziell für The Baand entwarf.

Kinderlachen – keine Seltenheit, aber man spürt die Ausgelassenheit in den hohen Stimmchen und weiß: Dort irgendwo vor einem muss etwas Besonderes sein. Es ist der Anblick des Tivoli, von Europas ältestem Vergnügungspark, der die Kinder alles um sich herum vergessen lässt. Ein Ziehen und Zerren beginnt, Hauptsache, man gelangt in die Nähe des großen Karussells, auf dem ein Einhorn stolz seine Runden dreht, gefolgt von einem Wassermann.

Dieser Ort ist zauberhaft, und es wird deutlich, woher die dänischen Designer ihre Inspirationen nehmen. Unvorstellbar, dass die Bruuns-Brüder, Gründer von Bruuns Bazaar, keinen Rundgang über den Tivoli unternommen haben sollten, bevor sie sich an ihre Schreibtische setzten, um ebenso zauberhafte Kollektionen aufs Papier zu bringen. Die Bruuns-Brüder sind Märchenerzähler, doch anders als die Gebrüder Grimm fassen sie ihre Geschichten nicht in Worte, sondern lassen die Mode für sich sprechen. Und jetzt weiß ich, wo ihre Geschichten ihren Anfang nehmen: auf einem Karussell im Tivoli.

Die Mode auf der Straße

Die Stroget ist Europas älteste und längste Fußgängerzone, fast zwei Kilometer Flaniermeile mit exklusiven Läden, Cafés, unzähligen Straßenmusikern, Pantomimen, Jongleuren, fliegenden Händlern. Wer dort entlanggeht, kann kaum anders, als mit den Fingern über die Fassaden der alten Häuser zu streichen. Jeder Ausflug wird zu einer Reise – nicht nur in eine fremde Stadt, sondern in eine andere Zeit ... das Geräusch von Pferdehufen auf dem abgewetzten Pflaster, ein Kutscher, der mit seiner Zunge schnalzt, um seine Tiere anzuspornen, Frauen, die auf dem Markt die besten Äpfel aussortieren.

In der Stroget findet sie statt, die Fashion Week. »Everyone will be granted a front-row view«: Unter diesem Motto steht die Modewoche im August, denn dort wird das modeinteressierte Publikum mit einbezogen, was auf den bedeutenden Fashion-Shows dieser Welt ein seltenes Vergnügen ist. Während in Mailand, Paris, New York und Berlin nur wahre *fashion victims* oder solche *fashionistas* zugelassen sind, die schon lange in der Modeszene agieren, kann das Spektakel in Kopenhagen über Public Viewing verfolgt werden. Zudem werden nach den Präsentationen die Bilder der einzelnen Kollektionen im Internet hochgeladen und können auf einer App angesehen werden, alles getreu dem Motto dieser Fashion Week. Diese Modewoche riecht für mich nicht nur nach Mode, sondern auch nach Salzwasser und Fisch, nach altem Holz – nach Hafen.

Doch elegant wie überall gehen die Models auf dem mit 1600 Metern größten Laufsteg der Welt, 220 Mannequins, unter ihnen international bekannte und geschätzte wie Freja Beha Erichsen und Helena Christensen.

Natürlich bleiben dänische Kollektionen nicht von saisonalen internationalen Trends verschont. Sosehr sich dänische Mode auch sonst von den in Mailand, London, Paris oder New York gezeigten Kollektionen abhebt, Erscheinungen wie Turbane, knielange Röcke oder Mustermixe setzen sich überall durch. Es ist ein Vergnügen, während der Modewoche das Zusammentreffen solcher Phänomene mit dem traditionell Dänischen zu beobachten. Hier hat man das angenehme Gefühl, dass nichts, auch die Mode nicht, sonderlich ernst genommen wird. Trends werden humorvoll präsentiert und neu inszeniert. »Demokratische Mode«, »Mode für jedermann«: Dänische Mode hat viele Namen, und sie wird jedem gerecht.

Draußen dämmert es. Der verschmähte Kuchen ruft sich mit dem aufkommenden Hungergefühl in Erinnerung. Ein Klingeln, diesmal jedoch nicht von einem der Fahrräder, sondern einer der kleinen Buden, die abends mit der Hand durch die Stadt gezogen werden. Hot Dogs, Junk-Food à la Denmark. Da greift jeder zu, Händewaschen an einem der vielen Brunnen ist danach jedoch eine gute Idee, bevor wir den Showroom von Sand betreten. Die neue Kollektion ist weniger romantisch und spielerisch als die früheren Entwürfe, das verspielte Kind ist so gut wie verschwunden.

Doch auch die dänische Mode findet ihre Vollendung auf den Straßen – kein Laden kann all die aufregenden und vielfältigen Ideen, Stile und Moden zeigen, die die vielen unbekannten *fashionistas* auf den Laufstegen des Alltags präsentieren. ç

ANOUK JANS,
1995 in Hamburg geboren, startete 2009 den Fashion- und Fotografie-Blog »anouk onthebrink«; zahlreiche Beiträge in Zeitschriften, Rundfunk, Fernsehen, u. a. hat sie eine eigene Kolumne in *yuno*.

Die Lust am Abenteuer

Janteloven – das Maß der Mitte.
HELGA OTHENIN-GIRARD *über Lene Gammelgaard*

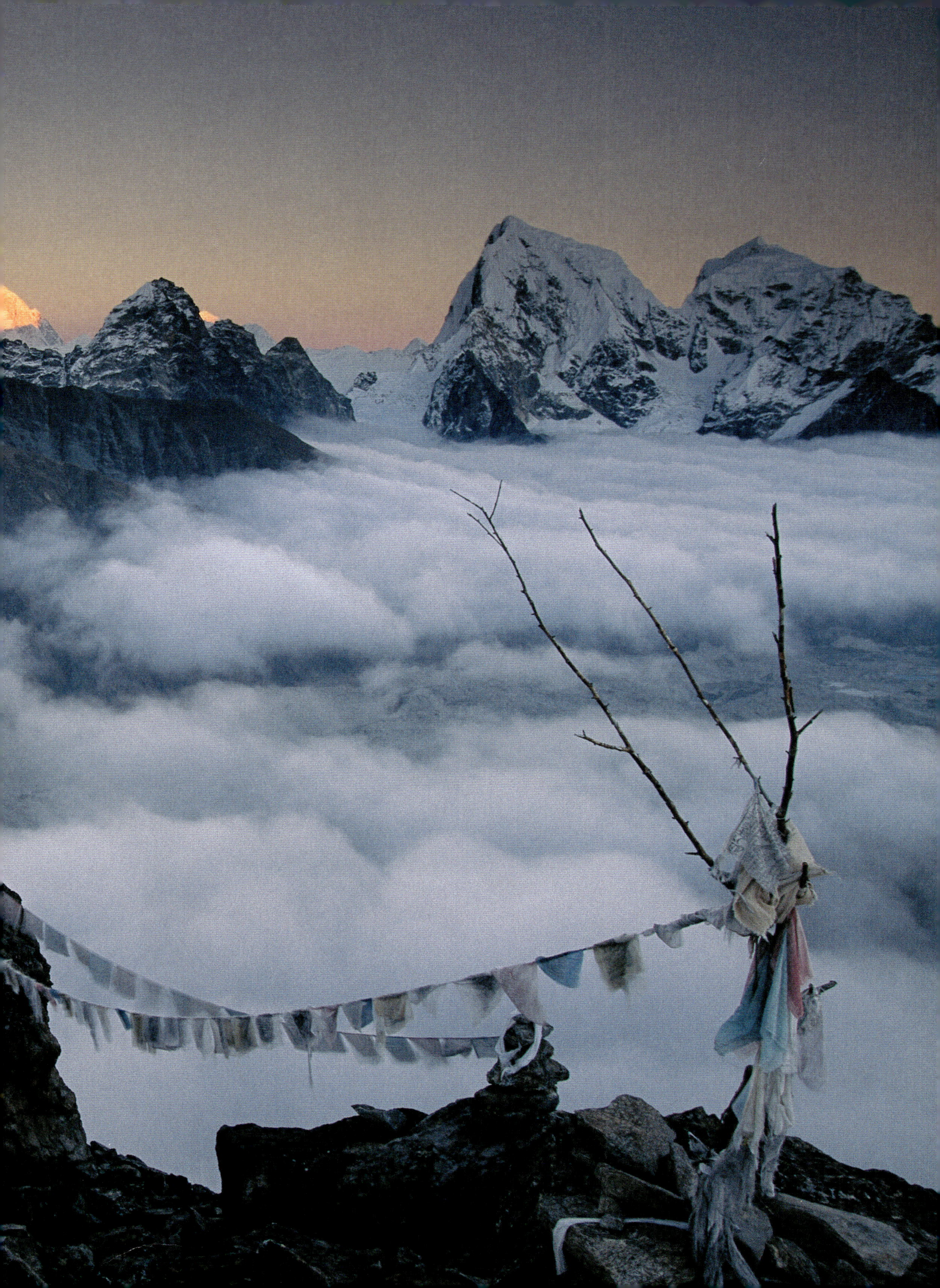

CORSO*folio* | Kopenhagen   HELGA OTHENIN-GIRARD

*»Es geht uns zu gut
in unseren bequemen Gummizellen,
für alles ist gesorgt.«*

Es gibt Orte, zu denen man aufbricht, weil in ihrem Namen ein Versprechen liegt, welches es einzulösen gilt. Und es gibt Orte, an die man zurückkehren kann, ohne je dort gewesen zu sein. Das Versprechen dieser Orte löst sich von selbst ein. Es liegt in der Gewissheit, eine derartig vollkommene Ruhe vorzufinden, dass man meinen könnte, die Welt selbst habe einen vergessen. Ein solcher Ort ist Rungstedt, ein Vorort von Kopenhagen.

Frisch geputzt und gewienert schaukeln unzählige Jollen, Slupen und Galeassen im Yachthafen. Milchiges Morgenlicht taucht die Ostsee in unbestimmte

Harmlosigkeit. Weißgetünchte Bootshäuschen ziehen sich als strahlendes Spalier am Øresund entlang. Karen Blixen lebte hier, an der »dänischen Riviera«, wie die Einheimischen sagen, nachdem sie ihre Farm in Afrika hatte verlassen müssen. Duftende Strandrosenhecken, auf schmales Rechteck getrimmt, säumen den Uferweg. Alles scheint gezirkelt und hergerichtet. Keine vergessenen Netze oder Tampen, keine eilig hingeworfene Takelage häuft sich an den Stegen des kleinen Nobelvororts. Die Kopenhagener Freizeitkapitäne mögen es aufgeräumt, bevor sie in die gemäßigten Fluten der Ostsee zwischen Dänemark und Schweden stechen. Am Wochenende wird der Sund wieder mit Segeln gespickt sein wie ein Käseigel. Jetzt ist der Hafen verlassen. Nur die Restaurants haben schon für den Mittagstisch gedeckt, doch noch ist kaum eine Menschenseele zu sehen.

In diese beschauliche und überschaubare Kopenhagener Vorstadtidylle hat sich eine Frau zurückgezogen, die 1996 als erste Skandinavierin den Mount Everest bestiegen hat. Die wilde Lene, der die gediegene Welt mit kettenrauchender Königin immer ein wenig zu klein war.

Lene Gammelgaard strahlt eine unverstellte Offenheit aus, als sie in das kleine Café an der Hafenmole kommt, und verkörpert auf den ersten Blick die Frau, die man selbst gerne wäre. Mit unermüdlichem Mut zum Risiko, ungebunden, frei und dabei ganz feminin. Diese Frau spaziert doch nicht an den malerischen Kanälen der Kopenhagener Altstadt entlang oder sitzt in den romantischen Kneipen am Nyhavn. Ist die Residenzstadt der ältesten europäischen Monarchie nicht ein viel zu harmloser Ort für einen Freigeist wie sie? Es ist leicht, Lene Gammelgaard eine Melange aus Passion und Abenteuer anzudichten. Das ungebändigte braunrote Haar züngelt wie ein Flammenmeer um ihren Kopf und will in alle Richtungen gleichzeitig lodern. Unweigerlich stellt man sie sich am Berg klebend vor. Wie einen Salamander.

Doch seit geraumer Zeit steht die leidenschaftliche Alpinistin fest mit beiden Beinen auf dänischem Boden. Sie ist Mutter geworden. Die fast 50-Jährige hat ihre dreijährigen Zwillinge Smilla und Silvester im Schlepptau. Zwei flachsblonde Zwerge mit blitzblauen Augen wie ihre Mutter. Sie stecken munter die mitgebrachten Blaubeeren in die Ritzen der Uferbefestigung und sehen minutenlang völlig ungerührt auf das platte Meer. Die sechsjährige Schwester, Lenes Adoptivtochter aus Nepal, ist in der Schule und soll das Energiebündel der Familie sein.

Werden auch Abenteurerinnen müde, oder was um alles in der Welt hat die passionierte Bergsteigerin, Weltreisende und Rebellin von dieser Oase distinguierter Bürgerlichkeit überzeugt? »Ich bin wegen der Kinder an den Stadtrand gezogen. Wir leben nah am Wasser, umgeben von viel Grün, und sind schon nach zwanzig Minuten im Stadtzentrum. Für die Kinder ist Kopenhagen ein idealer Platz zum Aufwachsen. Eine Großstadt und doch überschaubar. Wir genießen den Luxus von ausreichenden Kindergartenplätzen und einem vielseitigen Bildungssystem. Wo findet man das sonst?«, erzählt Lene und kräuselt konzentriert die Nase. »Doch ich frage mich inzwischen: Bin ich angepasst genug, halte ich es hier wirklich aus?«

Die dänische Goldküste ist beste Wohngegend. Der Strandvej schlängelt sich vom Kopenhagener Zentrum 42 Kilometer an der Küste bis zum nördlichen Helsingør hoch und ist nicht nur ein beliebtes Ausflugsziel. An der Straße entlang reihen sich prächtige Häuser und Villen, wie auf eine Perlenkette gefädelt. Hier wohnt, wer unter sich bleiben will und es sich leisten kann. Zugegeben, es ist tatsächlich leichter, sich Lene in einem Kajak in Alaska vorzustellen, in den Wänden der Aiguilles im französischen Chamonix oder bei den Sherpas in Nepal. Ihr Leben lang wollte sie mit der Hyggeligkeit, der Gemütlichkeit ihrer Landsleute, nichts zu tun haben. Es sei ja nicht so, dass sie die Kopenhagener Lebensart nicht zu schätzen wüsste, wie sie immer wieder betont. Die Großzügigkeit und Freundlichkeit. Die humanistischen Werte, die den Sockel der dänischen Gesellschaft bilden, sind für sie unverzichtbar. Doch der diskrete, aber permanente Zwang zur Gleichmacherei hat ihr immer widerstrebt. Allen Widerspenstigen, Querdenkern und Abenteurern, davon ist sie auch heute noch überzeugt, bleibt nur die Emigration. Zurück bleiben die Connaisseure von Homogenität und Geborgenheit.

»Es geht uns zu gut in unseren bequemen Gummizellen, für alles ist gesorgt«, rutscht es ihr empört heraus, und nun sitzt ganz deutlich eine Frau zu viel am Tisch. Die dreifache Mutter mit dem aufrichtigen Bemühen, alles notwendig Gute für ihre Kinder zu tun, und die Nonkonformistin, der die Herausforderungen ihres Kopenhagener Lebens viel zu überschaubar erscheinen. In Gedanken ist der Koffer dann schnell gepackt.

Die Hauptstädter jedenfalls genießen das Leben in ihren schön möblierten Parzellen. Jede Wohnung, jedes Haus könnte mühelos für ein Einrichtungsmagazin fotografiert werden. Auch Lenes burgähnliches Anwesen. Man grüßt sich über ondulierte Hecken hinweg und ruft die Feuerwehr, sobald im Garten gegrillt wird. Die Wahl des Wohnviertels kommt in Kopenhagen einem Glaubensbekenntnis gleich. Es zeigt, wofür man steht, und ist eine Art geographische Visitenkarte. Wer als Däne im Einwandererstadtteil Nørrebro lebt, ist meist sehr jung, abenteuerlustig, genießt die kleinen Cafés und die multiethnische Umgebung. Wer mehr an intellektueller Stimulans interessiert ist, wohnt in Østerbro. In Cristiania wird immer noch der Aufstand geprobt, während in Frederiksberg der unvermeidliche Yorkshireterrier von Damen im Chanel-Jäckchen spazieren geführt wird. »Kopenhagen«, lacht Lene, »ist ja eine recht überschaubare Metropole, und das ist sicher ein Grund, warum die Kopenhagener so glücklich oder zumindest zufrieden sind. Alles ist recht übersichtlich, und vom Rest der Welt wird einem nicht zu viel zugemutet. Wir fahren lieber Fahrrad als Auto, sind höflich, lächeln viel und lassen uns nicht leicht aus der Ruhe bringen. Vielleicht sind es ja diese Äußerlichkeiten, die uns Sicherheit vermitteln. Wir halten uns an die Spielregeln, das beherrsche ich inzwischen auch.«

Doch das war nicht immer so. Schon als junges Mädchen fällt sie ihren Eltern auf die Nerven. Sie stellt alles in Frage. Normen, soziale Anpassung, Geschlechterrollen, das Schicksal selbst. Eine Eigenschaft, die in Dänemark eher Unverständnis als Wohlwollen hervorruft. Auch in Kopenhagen gilt unbedingte Anpassung als Tugend. Kein Wunder, dass die Neunzehnjährige, die im Gepäck neben drängenden Fragen und Zweifeln auch eine gehörige Portion Lebenshunger hat, sich nach dem Abitur in die Karibik absetzt. Anschließend überquert sie auf einem Segelboot den Atlantik, diskutiert und feiert zwei Jahre lang in der Hamburger Hausbesetzer- und Musikszene, immer geleitet von dem ununterdrückbaren Drang, zu entdecken, was hinter vorgegebenen Grenzen auf sie wartet.

Als Lene Jahre später doch wieder auf der Kopenhagener Vesterbrogade steht, scheint die Stadt noch kleiner geworden zu sein. Es zieht sie immer wieder in den selbsternannten Freistaat Cristiania mitten in Kopenhagen, doch das Langzeitexperiment zur Erprobung neuer Lebensformen hat mit Drogenproblemen zu kämpfen. »Ich zog damals ein ziemlich ernüchterndes Resumée«, erinnert sie sich amüsiert. »Ich war jung, ganz attraktiv und hatte keine Ahnung, was aus mir werden sollte. Ich war eine verunsicherte Frau, die nicht nur ein Stück Fleisch sein wollte, sondern auch der Kopf auf diesem Körper. Ich wollte Respekt.«

Lene zieht in den studentisch geprägten Stadtteil Østerbro und beginnt Jura zu studieren. Doch sie ist inzwischen fremd in der Stadt, und Fremde haben es schwer in Kopenhagen. Das ist auch heute noch so. Die Hauptstädter schätzen die Distanz. Man geht freundlich miteinander um, aber nicht herzlich. Das eigene Netzwerk, der Freundeskreis, wird mitunter hermetisch abgeschirmt. Lenes Temperament läuft Amok. Sie ist für dänische Verhältnisse zu fröhlich, zu kommunikativ und fühlt sich schrecklich einsam. Von ihrer Sehnsucht nach einem anderen Leben oder von der aufregenden Atlantiküberquerung will in Kopenhagen niemand etwas hören. Individualität wird nicht geschätzt. »Das ist *Janteloven*«, sagt Lene und schüttelt schulterzuckend den Kopf. *Janteloven* trinken die Dänen mit der Muttermilch, es gehört zum dänischen Alltag wie *Smørrebrød* oder Wohlfahrtsstaat. Das Jantegesetz wendet sich gegen das Intellektuelle, das Herausragende und Verwegene zum Wohle des Mittelmaßes. *Janteloven* ist weit mehr als eine soziale Verhaltensnorm, es ist eine Konstitution, ein konformistisches Gesetz, das tief in der dänischen Mentalität verankert ist. Die Regeln bestimmen den Umgang miteinander und meinen immer nur das eine: niemand ist etwas Besonderes.

Lene will nicht besonders sein. Sie will einfach nur sie selbst sein und sucht nach Gleichgesinnten, doch die Kopenhagener teilen weder ihr Fernweh noch ihre Leidenschaft für ein unabhängiges Leben. Erst die Liebe bringt die ersehnte Veränderung. Die Unermüdliche verliebt sich in einen Dänen, wild und unabhängig wie sie. Einen Mann, der auf Berge klettert und sie mit seiner alpinen Leidenschaft infiziert. Gemeinsam fahren sie im VW-Bus durch Europa und klettern auf jede Felskuppe, die sich finden lässt. Sie leben von der Hand in den Mund. Die scheinbare Erfüllung ihrer Träume ist die Hölle. Der Mann entpuppt sich als gewalttätig, uneinnehmbar wie ein Gipfel, und Lene kehrt wieder einmal nach Kopenhagen zurück.

Nur die Leidenschaft für das Bergsteigen bleibt. Sie wird Einkaufchefin einer großen Textilfirma, arbeitet in einem Drogentherapiezentrum und klettert, wann immer sich dazu Gelegenheit bietet. In Nepal lernt sie ihr Alter Ego, den Amerikaner Scott Fischer, kennen. Ein Freigeist wie sie. Fischer, ein erfahrener und routinierter Alpinist, möchte, dass sie bei seiner nächsten Expedition auf den Mount Everest dabei ist. Lene schreibt damals in ihr Tagebuch: »Wir können das Leben feiern und das Unsichtbare sichtbar machen. Erfahren, dass unser Dasein eine Einheit ist. So kann der kreative Mensch das Leben wahrnehmen. Wenn wir nicht mehr versuchen, die Realität zu kontrollieren, sind wir in der Lage, das, was uns widerfährt, anzunehmen, es willkommen zu heißen.«

Lene Gammelgaards Schicksalsdatum ist der 10. und der 11. Mai 1996. Ihr größter Triumph, das Erreichen des Gipfels in den frühen Nachmittagsstunden, wird gleichzeitig zu ihrer größten Niederlage. Acht Menschen sterben an diesen beiden Tagen am Berg. Darunter ihr guter Freund Scott Fischer.

Es gibt ein Leben der Lene Gammelgaard vor der Katastrophe am Everest und eines danach. Die Weltpresse schlachtet die Ereignisse aus. Vorwürfe werden laut. Heftig wird öffentlich über Sinn und Unsinn des Himalaya-Tourismus gestritten. Lene dagegen ist innerlich wie tot. Sie flüchtet auf eine thailändische Insel. Ihre Trauer, erinnert sie sich, habe sich damals abgekapselt wie eine Nuss. Doch dann macht die damals 35-Jährige einen radikalen Schnitt und beschließt, nie wieder zu klettern. Sie will niemals wieder ihr Leben riskieren. Sie will eine Familie und sesshaft werden. In Kopenhagen.

Als Lene nach Dänemark zurückkommt, ist sie bereits berühmt. Sie hat in der Öffentlichkeit das Image der Abenteurerin und ist die freundliche Exotin, das Praliné auf Empfängen und Veranstaltungen, wie sie sagt. Sprechen kann sie mit niemandem über das Unglück. Auch nicht mit ihren Freunden. *Janteloven,* sagt sie leise. »Niemand ist besonders zu behandeln. Alle sind gleich klein. Ohne Ausnahme.« Lene Gammelgaard stürzt sich in Arbeit. Arbeitet bis zur Erschöpfung, ehe sie sich der bitteren Aufarbeitung der Wochen am Mount Everest stellt. Sie schreibt ein Buch über das Unglück. Eine Remission ist erreicht, Heilung wird es nicht geben. Zu schmerzlich wiegen die Verluste ihrer Freunde, mit ihnen ist ein Stück Heimat verlorengegangen. »Sie sind durch nichts und niemanden zu ersetzen«, flüstert Lene, und man möchte nicht weiterfragen, zu frisch scheint die Narbe dieser Seelenwunden immer noch.

Die Veröffentlichung ihrer Erinnerungen ist ein Erfolg. Plötzlich kommen erste Anfragen von Unternehmern aus Kopenhagen. Ob sie erzählen könne, wie man sich auf eine Extremsituation vorbereitet. Wie man überlebt. Lene strukturiert ihre Erkenntnisse aus den Erfahrungen der letzten Jahre und entwickelt ein Konzept für Motivations-Coaching.

Heute lebt sie davon, Managern zu erklären, wie man den Mut findet, klare Entscheidungen zu treffen, Risiken einzugehen und unkonventionellen Lösungen zu vertrauen. Ihre Erfahrungen, die so lange niemanden interessierten, sind plötzlich gefragt. Und die Heimkehrerin beginnt, Kopenhagen neu zu entdecken. Der ehemalige Marinestützpunkt Holmen ist inzwischen zu einem attraktiven Viertel mit künstlerischen Ausbildungsstätten geworden. Junge Familien leben in modernen Wohnanlagen entlang der Kanäle. In Kødbyen, dem ehemaligen Schlachthofviertel, haben sich Künstler und Galerien eingerichtet. In den hippen Bars wird gern bis in die frühen Morgenstunden gefeiert. Doch ihr liebster Platz ist immer noch der ehemalige Freihafen und der Kreuzfahrerkai Langelinie. Den Blick auf den Horizont gerichtet, verspüre man besonders stark, worauf es ja letztendlich wirklich ankommt. Die Freiheit in sich selbst zu finden.

»Mit Kindern wird die Welt klein und groß zugleich«, sagt Lene Gammelgaard sanft und streicht sich das widerspenstige Haar aus dem Gesicht. »Mein Abenteuer sind heute meine Kinder, und mit ihnen kann ich überall leben. Auch in Kopenhagen.« Nicht glücklich, aber doch zufrieden sei sie geworden. Vielleicht ist das ja die angenehme Seite von *Janteloven.*

HELGA OTHENIN-GIRARD
reist seit 25 Jahren als freie Print- und TV-Journalistin durch die Welt. Sie arbeitet für nationale und internationale Medien. Nachdem sie etliche Jahre in Ägypten, Dubai und der Schweiz gelebt hat, wohnt sie zur Zeit wieder in Hamburg.

Skol, Egon

Meine Sehnsucht nach Kopenhagen begann als Kind. In der längst verschwundenen DDR kannte fast jeder Kopenhagen, die unerreichbare Hauptstadt von Dänemark. Denn dort war die Olsenbande seit 1968 auf der Jagd nach dem großen Geld, die sie durch 13 Filmkomödien führte, immer wieder scheiternd, aber mit immer verrückteren Ideen, wie sie endlich die Millionen von internationalen Finanzmultis erbeuten konnten, fast immer lag der Zaster irgendwo in Kopenhagen in einem Safe der Marke »Franz Jäger, Berlin«. Egon Olsen, gespielt von dem großartigen dänischen Schauspieler Ove Sprogøe (was man, wie ich viel später erst erfuhr, in etwa wie »Sproy« ausspricht), kommt jedes Mal mit einem genialen Plan aus dem Gefängnis Albertslund, wo ihn seine beiden Freunde Benny und Kjeld abholen, kleine Ganoven, die sich den Traum von der guten kleinen, aber teuren Bürgerlichkeit mit Egons Millionendingern erfüllen wollen.

Als ich 2009 das erste Mal vor dem Gefängnis im Kopenhagener Vorort Albertslund stehe (erreichbar mit dem Zug, der wunderbare Gründerzeitbahnhof von Kopenhagen kommt in den Filmen nur ein Mal vor, da die Bande einen alten rostigen Chevrolet fährt), erwarte ich beinahe, dass das große Tor sich öffnet, Egon, wie immer in Anzug und Melone und mit einem Paket unter dem Arm, zu mir rüberkommt, und da biegt auch schon

von CLEMENS MEYER

der Chevy um die Ecke, bremst mit quietschenden Reifen, Benny und Kjeld springen raus und schwenken kleine dänische Fähnchen. Aber das Staatsgefängnis liegt dunkel und ruhig, es regnet, wie häufig in Kopenhagen. Ein Teil der Straße, die zum Knast führt, wurde im Dezember 2004 in »Egon Olsen Wej« umbenannt. Ich verdrücke mir eine Träne, öffne eine gute Flasche Tuborg und trinke auf Ove Sprogøe, der 2004 gestorben ist, in meinem Arbeitszimmer steht seit Jahren ein Foto vom großen Gentlemangangster, Planer und Träumer und Grantler (»Lausige Amateure! Talentlose Käsekacker! Mastschweine! Elende Sozialdemokraten! Erbärmliche Piesepampel!«) Egon Olsen in einem meiner Bücherregale.

Und so bin ich als Kind, zusammen mit meinen Freunden, oft durchs königliche und geheimnisvolle Kopenhagen gereist, gewandert, gefahren. Habe am Nyhavn gestanden, neben dem großen eisernen Anker, bin durchs königliche Kaufhaus Magasin du Nord geschlendert (eines der ältesten Kaufhäuser der Welt!), das direkt am Platz Kongens Nytorv liegt, die Oper (auch königlich!) gleich gegenüber. Am Morgen und am Abend ist es dort am schönsten; wenn die Sonne kommt oder geht, leuchten die ehrwürdigen Gebäude in einem goldenen Licht.

Aber erst 2008 sitze ich endlich im Hotel »D'Angleterre Kopenhagen«, auch am Kongens Nyrtov gelegen, und trinke erst ein Tuborg, das Lieblingsbier der patriotischen Olsenbande, und dann einen Cognac, weil man in dieser alten klassischen Hotelbar einfach einen Cognac trinken muss! Und ich brauche einen guten Schluck, um mich zu verorten, aus den Filmen in die dänische Realität. Da will man nicht wie ein Tourist durch diese schöne Stadt hetzen und steht dann doch irgendwann vor der kleinen Meerjungfrau, die im Wasser auf einem großen Stein sitzt und in die Hafeneinfahrt und aufs Meer hinausschaut. Meerjungfrau, Kongens Nyrtov, Tivoli, das Schloss Fredensborg ... zwei Wochen laufe ich mit Kameraaugen durch das herbstliche Kopenhagen, zwischen Olsenbande, Andersen und unzähligen Tuborgbieren. Oft stehe ich bei der Meerjungfrau, wenn ich aus der »Bobi-Bar« im Zentrum oder der Eckkneipe »Café Heimdall« im Stadtteil Nørrebro komme, wo ich wohne (also in Nørrebro, nicht im »Cafe Heimdall«), oder die Menschen im Rotlichtmilieu in der Nähe der alten Schlachthöfe beobachtet habe, unzählige kleine Bars und Frauen im Neonlicht, schöne blonde nordische Frauen neben Vietnamesinnen, Afrikanerinnen mit traurigen Augen und Frauen aus dem Ostblock, und ich habe das Gefühl, ich brauche nur Minuten, um die ganze Stadt zu durchqueren.

»Aber das Schönste«, sagte die kleine Meerjungfrau plötzlich an einem Abend, es muss einer der letzten gewesen sein, kurz bevor ich wieder über Hamburg zurückfuhr mit dem Zug, »aber das Schönste ist, im Mondschein auf einer Sandbank in der ruhigen See zu liegen und die nahe gelegene Küste mit der großen Stadt zu betrachten, wo die Lichter wie hundert Sterne blinken, die Musik, das Lärmen der Menschen und Rasseln von Wagen zu hören, die vielen Kirchtürme zu sehen und das Läuten der Glocken zu vernehmen …«

Das trifft mich ins Herz, mehr noch als die Tragik Egon Olsens, dessen Hoffnungen auf das eine große Ding wie Schaum auf den Wellen sind, Schaum auf den Wellen, in den sich die Meerjungfrau am Ende verwandelt, und nur noch die Erinnerung an sie gebannt auf diesen Stein im Hafen von Kopenhagen, wo sie jetzt zu mir spricht … Aber mich wundert gar nichts mehr, bin ich doch schon ihrem Schöpfer in der »Bobi-Bar« begegnet, in der Klareboderne 14, wo er mit der schönen Asta Nielsen ein Tuborg trank, da ist es immer schön dunkel und schattig in dieser Bar, die eine der ältesten in Kopenhagen ist, holzgetäfelt wie vor hundert Jahren, verkehren hier Schriftsteller, Arbeiter, Klabautermänner, Seebären, Studenten, Kleinganoven. Es gibt auch einen kleinen weißen Hund, der immer auf seinem eigenen Stuhl sitzt. Ich will dem alten Andersen einen Gammel Dansk ausgeben, der tut dem Magen gut, aber er verschwindet schon mit der Nielsen in der dunklen Klareboderne. Ob er mit ihr über den Hans Christian Andersen Boulevard flanieren wird? Oder im Vergnügungspark Tivoli ein Eis essen? Oder sitzt er mit ihr bei der traurigen Meerjungfrau … »Und die kleine Meerjungfrau erhob ihre hellen Augen zur Sonne, und zum ersten Mal fühlte sie Tränen in ihnen.«

»Alter«, rufe ich ihm hinterher, »warte doch, ich habe so viele Fragen über deine Stadt, und von der Olsenbande wollte ich dir auch erzählen!« Aber dann verlaufe ich mich in den kleinen, verzweigten Straßen und Gassen, die vom Marktplatz weg und wieder zu ihm hinführen, überquere kleine Kanäle, sehe den großen Rathausturm und den verschnörkelten Turm der Börse, die Läden und Reklameschilder, Schriftzüge und Bars sehen in ihrer bunten, aber doch klaren dänischen Ästhetik genauso faszinierend aus, wie ich sie aus den Filmen in Erinnerung habe. Polizeisirenen. Zuhälterkrieg im Rotlichtdistrikt, irgendwo scheppert eine Alarmanlage … auf dem Weg nach Nørrebro, wo ich wohne, begegne ich einer Gruppe verschleierter Frauen. Es regnet. Die Sperrstunde naht, immer mehr Fahrräder kommen an mir vorbei. Nørrebro ist eine Art kleines Neukölln, Lokale, Cafés, Ramschläden, muslimische Gemeinden, Kultur und Subkultur, Arbeiterviertel … im »Café Heimdall« brennt noch Licht, und ich kehre ein auf einen Gammel Dansk. Wird aber mehr draus.

Später, zurück in Leipzig, erinnere ich mich so, und will es auch nicht anders, dass ich den dänischen Filmregisseur Nicolas Winding Refn im »Café Heimdall« getroffen habe, den ich für seine Pusher-Trilogie verehre, die er mit echten Kopenhagener Typen und Kleinganoven aus dem Milieu drehte und besetzte.

»Skidegodt«, sagt er, »scheißgut!«, als ich ihm von meiner Olsenbanden- und Kopenhagen-Passion erzähle, von meinen Begegnungen mit Andersen und meiner Tuborg-Zeremonie draußen in Albertslund am Staatsgefängnis. »Ja«, sage ich, »mächtig gewaltig!«, denn so heißt »Skidegodt« in der DDR-Synchronisationsfassung, wenn Benny damit die Pläne Egons kommentiert, und sogar in die Alltagssprache der DDR ist das eingegangen, wenn man durch Mangelwirtschaft kreativ werden musste. »Ich habe einen Plan!« – »Mächtig gewaltig!«

»Und warst du auch in der Oper, im königlichen Theater?«, fragt mich Nicolas Winding Refn nach dem dritten oder vierten Gammel Dansk, der uns schon bald zu süß wird, sodass wir auf kühlen, kümmeligen Aquavit umschwenken.

»Natürlich«, sage ich, und wir schwelgen in unseren Erinnerungen an die grandiosen Filmszenen, in denen sich die Bande unter Anleitung Egons während eines Konzerts synchron zur Musik einer Opernouvertüre durch die verschiedenen Abteilungen unter und hinter der Bühne durchsprengt, -stemmt und -hämmert, weil auf der anderen Seite ein Koffer in einer Loge steht, gut bewacht!

»Am königlichen Theater ist gar nichts leicht, alles ist schwer. Das kommt durch die eigentümliche Arbeitsatmosphäre in diesem Haus. Sie besteht in Folgendem: Da ist das Orchester, die Kapelle hat dauernd Stunk mit den Opernsängern. Die Sänger verachten das Ballett, die Balletttänzer die Schauspieler. Die Schauspieler krachen sich untereinander. Und die Techniker sind überzeugt, dass überhaupt nur sie arbeiten.«

»Ach wirklich, Egon?«

»Ja! Deswegen sind alle Passagen zwischen den einzelnen Kunstsparten verrammelt und durch Wände getrennt. Und diese Wände müssen wir abtragen, dann kommen wir in den Zuschauerraum.«

Später versuche ich Nicolas zu erklären, warum die Kopenhagener Olsenbande vor allem in der DDR so erfolgreich war, im Westteil, der ehemaligen BRD, aber nur wenige Fans hatte. Versuche, zu erklären, während ein bulliger Typ mit Hells-Angels-Weste ihn begrüßt und auf die Schulter haut, dass es zum einen an der besonders gelungenen DEFA-Synchronisation liegt und an der Freude, die es dem Ostdeutschen bereitete, zu sehen, wie Egon und seine tollpatschigen Gesellen immer wieder die Maschinerie der Beamten, Finanziers, Polizisten, Großbürger austrickste und mit ihren eigenen Waffen schlug und nie aufgab auf der Suche nach dem Glück, also den Millionen.

Später, die Sonne geht bereits auf, stehe ich vorm Rathaus und blicke zu dem hundert Meter hohen Turm. Der Himmel verschwimmt in jenen rosa und blauen Farbtönen, wie ich sie aus den Filmen der Olsenbande kenne. Gründerzeit, Jugendstil, Leuchtreklamen, mir wird schwindlig, ich gehe zu einem der kleinen Kioskwagen, die es überall gibt, dort kann ich mich stärken mit Hot Dog, die dänischen Hot-Dog-Würstchen sind leuchtend rot und schmecken sehr speziell, es zieht mich nicht zurück in die Heimat. Die Gelassenheit des Dänen fasziniert mich. Ich wünsche mir auch eine Königin mit Leibgarde und Kutsche, einen großen Vergnügungspark mitten in der Stadt, wo ich mit exotischer Währung bezahlen kann … »Wir sind Dänen und lassen unser Land nicht denen!«

Ich schlendere zu den Seen, die mitten in der Stadt liegen. Auf einer Bank sitzt ein alter Mann und wirft Brotstücke ins Wasser zu den Schwänen. Ich setze mich neben ihn, hole zwei Flaschen Bier aus dem Beutel (Hardu en pose? – Haben Sie eine Tüte?), den ich mir am Kiosk geben ließ. »Ove«, sage ich und reiche ihm eine der Flaschen, »jetzt verstehe ich langsam, warum du dein ganzes Leben hiergeblieben bist …«

Der Alte blickt mich fragend an, hinter den hellen Hausfassaden am anderen Ufer geht die rote Kopenhagener Sonne auf, ein frischer Wind weht vom Meer. »Skol, Egon!«

»Skol!«, sagt der Alte und lächelt.

CLEMENS MEYER,
geboren 1977 in Halle/Saale, aufgewachsen in Leipzig,
wo er auch heute lebt. Er studierte am Deutschen
Literaturinstitut Leipzig; von ihm erschienen *Als wir
träumten*; *Die Nacht, die Lichter*; *Gewalten*; für sein Werk
erhielt er u. a. den Preis der Leipziger Buchmesse.

»HART ARBEITEND, ABER GLÜCKLICH.«

ALLAN LARSEN

59 Jahre alt, arbeitet seit 13 Jahren als Portier im Vergnügungspark Tivoli, dem »schönsten Arbeitsplatz der Welt«, wie er sagt. Davor war er Akrobat. Auch nicht schlecht.

1. Wer mich zum ersten Mal in Kopenhagen besucht, dem zeige ich den Tivoli. Und das sage ich jetzt nicht nur, weil ich hier arbeite.

2. Wenn ich die Augen schließe und an Kopenhagen denke, sehe ich vor mir die Altstadt, das Hafenviertel Nyhavn mit seinen herrlich bunten Fassaden und das Schloss Amalienborg, die Stadtresidenz der dänischen Königin Margrethe II. Sie drücken für mich am besten die Geschichte dieser Stadt aus. Vielleicht bin ich ein wenig altmodisch, aber das alte, königliche Kopenhagen mag ich immer noch am liebsten.

3. Ich hasse Kopenhagen, wenn es mal wieder Unruhen in Nørrebro gibt.

4. Hier ist Kopenhagen noch echt kopenhagenerisch: an den Kanälen von Christianshavn, aber auch auf Amager, wo es noch die echte Arbeiterklasse gibt.

5. Ein Klischee über Kopenhagen, das stimmt: Im Sommer ist die Stadt einfach wunderbar.

6. Ein Klischee über Kopenhagen, das nicht stimmt: Man sagt, Kopenhagen sei eine sehr offene Stadt, in der es Platz für alle gibt und jeder sein kann, wie er will. Doch wer hier auf Dauer leben möchte, merkt schnell, dass er sich zumindest einige grundlegende dänische Eigenheiten zulegen sollte, sich den Gepflogenheiten anpassen muss. Sonst kann es hier auf Dauer recht einsam werden. Selbst in Christiania hat die Offenheit ihre Grenzen. Wer nicht so ist wie die Bewohner dort, hat keine Chance, dort wohnen zu dürfen.

7. Der Kopenhagener an sich ist inzischen schwer zu definieren, weil alles so international geworden ist. In alten Tagen ein Mann, der mit einem Bier in der Hand auf einer Bank sitzt und sich die Sonne ins Gesicht scheinen lässt. Im Alltag hart arbeitend, aber glücklich.

8. Die Kopenhagenerin an sich ist modisch und schön anzuschauen.

9. An Kopenhagen wird unterschätzt: die Architektur. Wenn man mal die Købmagergade entlanggeht und den Blick nach oben richtet anstatt auf die Schaufenster, dann sieht man dort oben wahre Schätze. Allein die ganzen Bronzefiguren auf den Dächern. Aber auch die modernen Wohngebäude abseits der Touristenströme werden oft übersehen. Nehmen sie zum Beispiel das Terrassenhaus Bjerget mit seinen nach Süden ausgerichteten Wohnungen, die über den Parkplätzen liegen. Oder das Sportzentrum Prisma auf Amager, das den bereits vorhandenen und alten Baubestand auf moderne Weise fortführt. Auch das Konzerthaus der öffentlich-rechtlichen Rundfunkanstalt Danmarks Radio ist beeindruckend. Die Liste ließe sich fortsetzen.

10. Was an Kopenhagen überschätzt wird: die kleine Meerjungfrau.

11. Ein perfekter Tag in Kopenhagen beginnt mit Sonnenschein, einer Zeitung und einem Kaffee an einem der vielen Kanäle.

12. ... und endet mit Freunden, gutem Essen und einem Bier an einem der vielen Kanäle.

Aufgezeichnet von Elmar Jung.

DAS JOURNAL

JAN TE LOVE

CORSO

Ein literarisches Kaleidoskop

Richard Adams	Michael Franck	Jean Paul	Thomas Mann
Willibald Alexis	Michael Frayn	Carsten Jensen	Franz Xaver Wolfgang
Hans Christian Andersen	Julien Green	Erich Kästner	Mozart
Herman Bang	Johannes Friedrich Ludwig	Danny Kaye	Theodor Mügge
Ruth Berlau	Hausmann	Søren Kierkegaard	Henrik Pontoppidan
Tania Blixen	Friedrich Hebbel	Egon Erwin Kisch	Rainer Maria Rilke
Heinrich Böll	Johann Peter Hebel	Klabund	Joachim Ringelnatz
Bertolt Brecht	Heinrich Heine	Tom Kristensen	Saxo Grammaticus
Karel Čapek	Peter Høeg	Heinrich Laube	Johann Elias Schlegl
Matthias Claudius	Ludvig Holberg	Johann Kaspar Lavater	Kurt Tucholsky
Per Olov Enquist	Hans Henny Jahnn	Pierre Loti	Paul Verne
Theodor Fontane	Jens Peter Jacobsen	Rosa Luxemburg	

*»Haben Sie Kopenhagen gesehen?« Da ich diese Frage ebenfalls
verneinte und eine Schilderung dieser Stadt von ihm begehrte,
lächelte er gar pfiffig und wiegte das Köpfchen recht vergnügt hin und
her und versicherte mir auf Ehre, ich könne mir keine Vorstellung
davon machen, wenn ich nicht selbst dort gewesen sei.*

HEINRICH HEINE, 1828

Und Tonio Kröger landete in Dänemark. Er hielt Ankunft in Kopenhagen, gab Trinkgeld an jeden, der sich die Miene gab, als hätte er Anspruch darauf, durchwanderte von seinem Hotelzimmer aus drei Tage lang die Stadt, indem er sein Reisebüchlein aufgeschlagen vor sich hertrug, und benahm sich ganz wie ein besserer Fremder, der seine Kenntnisse zu bereichern wünscht. Er betrachtete des Königs Neumarkt und das ›Pferd‹ in seiner Mitte, blickte achtungsvoll an den Säulen der Frauenkirche empor, stand lange vor Thorwaldsens edlen und lieblichen Bildwerken, stieg auf den Runden Turm, besichtigte Schlösser und verbrachte zwei bunte Abende im Tivoli. Aber es war nicht so recht eigentlich all dies, was er sah.

An den Häusern, die oft ganz das Aussehen der alten Häuser seiner Vaterstadt mit geschwungenen, durchbrochenen Giebeln hatten, sah er Namen, die ihm aus alten Tagen bekannt waren, die ihm etwas Zartes und Köstliches zu bezeichnen schienen und bei alledem etwas wie Vorwurf, Klage und Sehnsucht nach Verlorenem in sich schlossen. Und allerwegen, indes er in verlangsamten, nachdenklichen Zügen die feuchte Seeluft atmete, sah er Augen, die so blau, Haare, die so blond, Gesichter, die von eben der Art und Bildung waren, wie er sie in den seltsam wehen und reuigen Träumen der Nacht geschaut, die er in seiner Vaterstadt verbracht hatte. Es konnte geschehen, daß auf offener Straße ein Blick, ein klingendes Wort, ein Auflachen ihn ins Innerste traf ...

THOMAS MANN, 1903

Mein lieber Freund, ich bin glücklich nach Kopenhagen hingekommen. Kommen Sie so bald nach als möglich, Information für Sie weiß mein Oncle schon, kommen Sie nur. Bringen Sie etwas Toback mit, er ist zwar nicht zollfrei, aber unten im coffre in der Mitten kommt keine Hand des Visiteurs. Ich habe es selbst erfahren und da können bequem 6–8 Pfund liegen. Der Toback kostet hier á Pfund 16–20 Schilling und ist kaum zu rauchen. Sagen Sie es nur meinen Eltern, die werden wohl Anstalt zu Toback machen. Leben Sie wohl. Wenn Sie angekommen sind, lassen Sie Ihre Sachen nur auf der Zollbude liegen und kommen erst zu mir her. Und auf das Schiff nehmen Sie guten Branntwein mit. Leben Sie wohl, ich bin Ihr Claudius.
MATTHIAS CLAUDIUS, 1764

Der Weg, der zu einem selbst führt, ist nun nicht so bequem wie die Chausseen bei Kopenhagen, wo alle fünf Minuten, an jeder Wegbiegung, eine Tafel steht: nach da und nach da und nach da: man kann nicht fehlgehen.
KLABUND, 1923

Drei Grazien, Skulptur von Thorwaldsen, um 1818

Als man nach dem Friedensschluß mit Heinrich nun zurücksegelte, lief Absalon Stevens Klint an und belud sein Schiff mit Schleudersteinen, die zur Verteidigung der Festung dienen sollten, die er in Kopenhagen angelegt hatte.
SAXO GRAMMATICUS, CA. 1200

Das Hofleben bildet sich doch wunderbare Gestalten aus.«
»Gewiß. Und besonders drüben in unserem lieben Kopenhagen. Es kann auch in seinem Hofleben von seiner ursprünglichen Natur nicht lassen.«
»Und was ist diese Natur?«
»Tanzsaal, Musik, Feuerwerk. Es ist eine Stadt für Schiffskapitäne, die sechs Monate umhergeschwommen und nun beflissen sind, alles Ersparte zu vertun und alles Versäumte nachzuholen. Alles in Kopenhagen ist Taverne, Vergnügungslokal.«
THEODOR FONTANE, 1859

Ein böse einheimisch Bier gibt und brauet die Stadt Coppenhagen, daß man nicht viel trinken kann, und es einem zuwider ist. Ich kann nicht sagen, ob das Seewasser die Ursache ist, warum die Dannemärker so viel halten von dem Rostocker Oehl, daß sehr viel dahin gebracht und ausgetrunken wird. Item das Lübische und Hamburger Bier trinken sie lieber als das einheimische. Viel Hummer und große Seekrebse gibt es dort auch, die große Scheren und Füße haben, daß man Trinkgeschirr daraus machen kann, von denen ich etliche mit nach Deutschland gebracht habe. Auch hat es eine kleine Art der Krebse dort, welche die Einwohner Krabben nennen, mit süßem Fleisch. Sie tragen sie gesotten in die Bierhäuser herab zum Trunk, man kauft gar viel für einen Dänischen Schilling, es muß von ihnen viele im Lande geben.
MICHAEL FRANCK, 1590

Wirtshäuser

Fünf Kopenhagener Kneipen,
in denen man ein Bier getrunken haben sollte,
solange sie noch existieren:

Bo-Bi Bar, Klareboderne 14
Café Sorgenfri, Brolæggerstræde 8
Hvide Lam, Kultorvet 5
Hviids Vinstue, Kongens Nytorv 19
Palæ Bar, Ny Adelsgade 5

Überhaupt ist hier durchschnittlich alles teurer als in Hamburg.

FRIEDRICH HEBBEL, 1843

Kopenhagen, sagen die meisten, ist zu groß für das Land. Es hat 124.000 Einwohner, es ist der Magen, der alles verschlingt, zum Schaden des Ganzen. In Kopenhagen konzentriert sich der Staat; Kopenhagen ist Dänemark, der Rest ist ohne Bedeutung, er liefert nur die Mittel, daß Kopenhagen leben kann. THEODOR MÜGGE, 1844

Es ist eine geheimnisvolle Stadt … Eine Stadt ohnegleichen, seltsam unaussprechlich, ganz in Nuancen vergehend, alt und neu, leichtsinnig und geheimnisvoll, überall und nirgends zu fassen.
RAINER MARIA RILKE, 1922

Keine Stadt ist so anspruchslos und unbefangen und darum so freundlich und herzerwärmend wie Kopenhagen. Wie schön, sagt Keats, sind die schlafenden Blumen. RICHARD ADAMS, 1981

*durch Kopenhagen fährt
und der Umgebung erlaubt,
an Kontur zu gewinnen und zu verschwimmen,
tritt ein neues Muster zutage,
das dem Blick, der scharf einstellt, nicht sichtbar ist.
Die Stadt ist wie ein bewegliches Lichtfeld,
wie ein über die Netzhaut gezogenes Spinnennetz
aus Weiß und Rot.*

PETER HØEG, 1992

Ja, war' nur nicht die Dänenkönigsstadt
Allein berechtigt, – doch da hängt die Harke!
Denn wie Madeiras Most, im Bauch der Barke,
Aus Pantschwein Vollwein wird im Kattegat,
Erhebt nun jeden Herrn von Käseblatt
Die bloße Überfahrt zur feinsten Marke;
Und der als Schneider galt in Kopenhagen,
Wird hier auf Händen wie ein Gott getragen.
HENRIK IBSEN, 1859

Schließlich bin ich nicht ungebildet, ich habe einen vorzüglichen Geographieunterricht genossen, ich bin nun einmal ein leidenschaftlicher Betrachter von Landkarten, und da fahre ich also mit dem Finger, bei Leningrad beginnend, über die Ostsee, bis ich die Stadt Kopenhagen erreiche, und da wird, Genosse Gospodin, die Sehnsucht in mir wach: diese wunderbare Stadt hat es mir einfach angetan, und ich schwöre bei allem, was mir heilig zu sein hat: ich wollte nicht der pornographischen Kinos und Läden wegen hin, nein; es war die architektonische Schönheit, die mich anzog, die Kanäle, die alten Lagerhäuser, die ich in diesem Prospekt gesehen hatte, nachdem der oberflächliche Reiz der unbekleideten Frauenfigur verblaßt war; und es war nicht nur die Architektur, auch die Philosophie.
HEINRICH BÖLL, 1977

Als Sie, mein Herr, vor einigen Jahren hier in der Stadt waren, hörten Sie mit Vergnügen, daß eine Magd vernünftig über die Torheiten des menschlichen Geschlechts sprach, wie man sie in den Schauspielen vor Augen führt. Sie brachen damals in die Worte aus: »Die Stadt ist glücklich, in der die Dienstmägde philosophieren.«
LUDVIG HOLBERG, 1745

Wenn im Sommer die Dienstmädchen den Tiergarten besuchen, dann ist das im allgemeinen ein armseliges Vergnügen. Nur einmal im Jahr kommen sie dorthin, und deshalb sollten sie dabei voll auf ihre Kosten kommen. Sie sollen Hut und Schal tragen und sich auf jede nur mögliche Art verunzieren. Die Fröhlichkeit ist ungestüm, unschön, lasziv. Nein, da ziehe ich den Park von Frederiksberg vor. Sonntagnachmittags kommen sie dorthin, und ich auch. Hier ist alles schicklich und dezent, die Lustigkeit selbst stiller und edler. Überhaupt, Mannsbilder, die keinen Sinn für Dienstmädchen haben, versäumen viel mehr, als diese versäumen. Die mannigfaltige Schar der Dienstmädchen ist wirklich die schönste Bürgerwehr, die wir in Dänemark haben.
SØREN KIERKEGAARD, 1843

In keiner Hauptstadt kann sich der Fremde so leicht zurechtfinden wie in Kopenhagen.
THEODOR MÜGGE, 1844

Oft, wenn ich durch die Straßen der Stadt gehe, kommt es mir vor, als ginge ich durch eine große Bibliothek; die Häuser sind die Bücherregale, jede Etage ein Brett mit Büchern. Hier steht eine alltägliche Geschichte, dort eine gute alte Komödie, wissenschaftliche Werke aus allen Gebieten, hier Schundliteratur und dort gute Bücher. Ich kann über all diese Bücher phantasieren und philosophieren.
HANS CHRISTIAN ANDERSEN, 1872

BÜCHER

Die CORSO*folio*-Auswahl

Herman Bang
Stuk
1887 / Manesse

Tom Kristensen
Roman einer Verwüstung
1930 / Volk & Welt

Erich Kästner
Die verschwundene Miniatur
1935 / Atrium

Peter Høeg
Fräulein Smillas Gespür für Schnee
1992 / Hanser

Christian Jungersen
Ausnahme
2004 / Piper

Wonderful Copenhagen

Wonderful, wonderful Copenhagen
Friendly old girl of a town
'Neath her tavern light
On this merry night
Let us clink and drink one down
To wonderful, wonderful Copenhagen
Salty old queen of the sea
Once I sailed away
But I'm home today
Singing Copenhagen, wonderful, wonderful
Copenhagen for me
I sailed up the Skagerrak
And sailed down the Kattegat
Through the harbor and up to the quay
And there she stands waiting for me
With a welcome so warm and so gay
Wonderful, wonderful Copenhagen
Wonderful, wonderful Copenhagen
Friendly old girl of a town
'Neath her tavern light
On this merry night
Let us clink and drink one down
To wonderful, wonderful Copenhagen
Salty old queen of the sea
Once I sailed away
But I'm home today
Singing Copenhagen, wonderful, wonderful
Copenhagen for me

DANNY KAYE, 1952

Kopenhagen ist eine sehr schöne Stadt ... Die Häuser sind alle meist zweistöckig und nur einige Fenster breit, alles in vornehm dunklen grauen Farben, das Auge ruht in dieser Stadt aus, und alles trägt einen ehrwürdigen, patrizischen Charakter. Man fühlt sich in die Zeiten der Hanse versetzt.
ROSA LUXEMBURG, 1910

Gewiß ist Kopenhagen vor allem eine Stadt der Arbeit. Sie teilt das Schicksal aller Großstädte seit Babylons Erbauung: ein riesenhaftes Arsenal werktätiger Hände zu sein, die da kommen und hingehen. Die ordentlichen und zum Teil schönen Straßenzüge verbergen, was hinter Mauern verborgen wird. Glück und Elend. Alle Stufen des menschlichen Daseins. Man soll sich nicht täuschen lassen.
HANS HENNY JAHNN, 1933

Das sollte man nicht glauben, daß eine Granade, die in den unglücklichen September-Tagen 1807, nach Koppenhagen geworfen wurde, noch im Juli 1808, losgehen werde. Zwei Knaben fanden sie unter der Erde. Einer von ihnen wollte sie mit einem Nagel von dem anhängenden Grunde reinigen. Plötzlich geriet sie in Brand, zersprang, tötete den einen auf der Stelle, nahm dem andern die Beine weg, und zerquetschte der Mutter, die mit einem Säugling an der Brust sorglos zusah, den Arm. Dies lehrt vorsichtig sein mit alten Granaden und Bomben-Kugeln.
JOHANN PETER HEBEL, 1809

Die Istedgade gleicht einem auf dem Rücken liegenden Mädchen. Am Enghaveplatz liegt, jung und unschuldig, der Kopf. Da gibt es grüne Bäume, Springbrunnen und jeden Mittwoch die Heilsarmee mit Gesang, Gitarrespiel und Bekenntnissen. Aber weiter unten, nach dem Bahnhof zu, spreizen sich die Beine, lang und leichtsinnig. Über sie verstreut, wie Sommersprossen, liegen die kleinen, gastlichen Hotels, die munteren Läden, wo es Gemüse gibt und blutiges Fleisch, eine Wäscherei mit blassen Plätterinnen hinter Kellerfenstern. An den Ecken stehen schimpfende Weiber; Arbeitslose, die Mütze im Nacken, die Hände bis an die Ellenbogen in den Hosentaschen, lungern vor den Cafés. Müde Straßenmädchen mit grauen, ungeschminkten Gesichtern verschwinden, eine Kanne in der Hand, im Milchladen und werden begafft von der ehrbaren Verkäuferin. Und in der Mitte, da, wo man sich die Knie denken könnte, liegt die Kirche, streng, traurig und zurückgezogen. Wie ein zur Frömmigkeit mahnender Zeigefinger der Armut ragt, angesichts der bunten Sünde, der Turm in den grauen Dunst.
TOVE DITLEVSEN, 1943

Heiligabend saß ich in einem Restaurant im Kopenhagener Hauptbahnhof. Vergnügte Junggesellen aßen dort und auch einige Hausfrauen, die an diesem 24. ohne Haushaltsarbeiten sein wollten. Sie saßen wie auf einer Insel, umspült vom Meer kinderreicher Familien. In diesem Bahnhof bin ich oft angekommen. Und nun sitze ich da und denke darüber nach, warum ich so gerne hier ankomme. (...) Was ist das Besondere an Kopenhagen?

Die schönen Frauen? Die haben bestimmt nicht auf Herrn Panter gewartet, der ihnen mitteilt, daß sie schön sind. Sie sind genauso, wie sich die Germanen eine Französin vorstellen, die wiederum viel hausbackener ist als ihr Ruf. Die Dänin ist reizend konsequent inkonsequent. Ihre Treue reicht sogar zur gleichen Zeit für mehrere aus.
KURT TUCHOLSKY, 1932

Das Tivoli ist die Hauptstadt Kopenhagens, die Stadt der Schaukeln, Schießbuden, Springbrunnen, der Wirtshäuser und Attraktionen, die Stadt der Kinder, der Pärchen und des Volkes überhaupt, der große Vergnügungspark, vielleicht einzigartig auf der Welt in seiner Popularität, seiner volkstümlichen Herzlichkeit, seinem naiven fröhlichen, kirchweihhaften Übermut.
KAREL ČAPEK, 1938

Im Tivoli. Eine riesige Menschenmenge lacht und applaudiert vor einer Bühne, auf der Akrobaten ihre Kunststücke vorführen. Der eine steht und balanciert auf einer dünnen Eisenstange, fünfzehn Meter über dem Boden, und zieht sich in dieser Stellung aus – einen Augenblick ist er nackt, nur noch eingehüllt in das blendende Scheinwerferlicht –, und dann kleidet er sich wieder an. Nach der Vorstellung eilt die Menge auf eine andere Freiluftbühne zu, wo Varieténummern dargeboten werden. In keinem Land habe ich eine so völlige Unbekümmertheit in Bezug auf Zeit gesehen. Das fällt hier am meisten auf.
JULIEN GREEN

Mann! Mann!« – rief die Kammerrätin. »Das Westtor schließt um zwölf Uhr! Wir kommen nicht mehr hinein, wir haben nur noch eine Viertelstunde!«
Sie mußten sich beeilen; mehrere Personen, die auch noch in die Stadt hinein wollten, eilten an ihnen vorbei. Endlich näherten sie sich dem letzten Wächterhaus, da schlug die Uhr zwölf, das Tor schlug zu, ein ganz Teil Menschen stand ausgeschlossen davor, darunter Kammerrats mit Mädchen, Maschine und leerem Korbe. Einige waren erschrocken, einige ärgerten sich, jeder nahm es auf seine Weise hin. Was war da zu tun?
HANS CHRISTIAN ANDERSEN, 1872

*Der Wintergarten der Ny Carlsberg Glyptothek unter der hohen Kuppel
ist der Traum des ausgehenden 19. Jahrhunderts vom Paradiesgarten.
Er besteht aus Wärme, Licht, hohen Decken, Palmen
und anderen exotischen Pflanzen, Goldfischen in den Becken, Rundbögen,
Steinmosaiken im Boden, nackten, üppigen Leibern aus Stein
und Inschriften über die Zeit und die Ewigkeit.*

JØRGEN BONDE JENSEN, 1976

Der Wintergarten der Ny Carlsberg Glyptothek

Wir waren gestern in Kopenhagen, wo Bazaines Erfolge gefeiert wurden. Die Gärten des Tivoli im Lichterglanz und Blumenschmuck gemahnten mich an unsere »Champs Elysees« in festlichen Nächten …

PIERRE LOTI, 1870

Brandrot und blau wie Gas flammte ein Namenszug auf, von Neonröhren in einem einzigen lodernden Strich geschrieben: »Scala«. Blaue Glühbirnen schimmerten mystisch wie Lampions im Laub der Bäume: »Marmorgarten«. Namen in Gelb. Auf einem Dach jagte eine Laufschrift, und jeder Buchstabe schleppte einen glühenden Dunstschleier hinter sich her. Und überall schrien die Megaphone der verschiedenen Zeitungszentralen die Wahlergebnisse in die Straßen und erfüllten die Luft mit Stimmen. Es klang, als wären unsichtbare, haushohe Riesen unterwegs und rissen zwischen den Fassaden das Maul auf.

Der große Platz war schwarz von Menschen, und die Autos heulten auf, wenn sie sich durch die dichtgedrängten Massen gezwängt hatten, und beschleunigten das Tempo so plötzlich und ruckhaft, als hätten sie eine Schlammstrecke hinter sich gebracht. Die Lichtkegel jagten über die Fahrbahnen, die von Benzin glänzten. Das war einer der blanken Abende, wie es sie in Kopenhagen gibt.
TOM KRISTENSEN, 1930

Den ganzen Nachmittag war ich in der Glyptothek Ny-Carlsberg: 10 Rodins.
RAINER MARIA RILKE, 1904

Ein großes Haus erblickte man da mit vielen bunten Farben dicht am Schloß und am Canal, worin viele mit Äpfeln und Töpfen beladene Schiffe schwammen. Die Fenster waren unten breiter als oben, und wenn die Sperlinge hindurch guckten, so kam ihnen jede Stube wie eine Tulpe mit den buntesten Farben und Schattierungen vor. Mitten in der Tulpe aber standen weiße Menschen, die waren aus Marmor, einige auch aus Gips, doch mit Sperlingsaugen betrachtet, bleibt sich das gleich. Oben auf dem Dache stand ein Metallwagen mit Metallpferden bespannt, und die Siegesgöttin, ebenfalls aus Metall, lenkte sie. Es war Thorwaldsens Museum.
HANS CHRISTIAN ANDERSEN, 1847

An der Højbro sah ich dann die Flammen aus dem Schloßdach schlagen. Hier oben vom Fenster aus konnte man sehen, wie die Zungen über den ganzen First leckten. Ich lief wieder hinunter und drängte mich durch die stumme und entsetzte Menge. Niemand sprach miteinander. Die Frauen weinten und jammerten. Der Glutregen war so heftig, als würde er von einem Krater ausgestoßen, und angefacht durch den auffrischenden Sturm fielen die Funken wie Feuerschnee über Thorvaldsens Museum, über die Kirche, hier über die Häuser und in den Kanal.
HERMAN BANG, 1884

Du fragst, an welchem End' der Stadt ich wohne?
Zwei Plätze gibt es dort ganz dicht.
Der eine, Gammeltorv, mit alter Kunst vertraut,
sowie mit Schlägerei und Diebstahl, Suff, Betrug und Spiel.
Nytorv der andere, wo das Schafott man aufgestellt.
Dazwischen hat Justitia ihr Haus.
So wohn' ich zwischen Galgenpack und Galgen ungeniert,
und gegen beide hilft der eine Gott.
LUDVIG HOLBERG, 1735

Wenn wir nach hinten heraus wohnen«, sagte ich im Hotel, »dann riecht es nach Küche, und außerdem muß noch vom vorigen Mal ein besoffner Spanier da sein, der komponiert sich seins auf dem Piano, und das macht er zehn Stunden lang täglich. Wenn wir aber nach vorn heraus wohnen, dann klingelt da alle Viertelstunde die Rathausuhr und erinnert uns an die Vergänglichkeit der Zeit.« »Könnten wir nicht in der Mitte ... ich meine ...« Wir wohnten also nach dem Rathausplatz zu, und die Uhr klingelte, und es war alles sehr schön.
KURT TUCHOLSKY, 1931

Das Schloß Koppenhagen liegt zwischen dem Meer und der Stadt, hat einen runden Umfang mit einem Wassergraben, und rundherum hat es einen ziemlich weiten Platz.
BERNHARDT WUSENBENCZ, 1567

Radfahrer und Radfahrerinnen. Sie sind so zahlreich wie in Holland und flitzen in ganzen Schwärmen durch die Straßen, strömen aber auch in mehr oder minder verschlungenen Paaren. Hier hat das Rad bereits aufgehört, Verkehrsmittel zu sein und ist etwas wie ein allgemeines Element neben Erde, Luft, Wasser und Feuer geworden.

KAREL ČAPEK, 1938

Von außen ist sie ein geschmackloser Kasten mit einem Thurme ohne Wuchs, trübselig trotz des Frontespices von Thorvaldsen. Was hilft ein Schmuck auf einem unschönen Körper! Innen aber die schönste protestantische Kirche, welche ich je gesehen, das erfüllte Ideal einer protestantischen Kirche, welchem man immer die Möglichkeit der Schönheit absprechen will. Nicht Dombau, nicht Bilder gehören in dieses Ideal, aber Licht und keusche Marmorstatuen. Frauenkirche ist der Name dieses Tempels.
HEINRICH LAUBE, 1845

HEISENBERG: Hör zu! Kopenhagen ist ein Atom. Margrethe ist sein Kern. Ungefähr richtig, der Maßstab? Zehntausend zu eins?
BOHR: Ja, ja.
HEISENBERG: Also, Bohr ist ein Elektron. Er wandert durch die Stadt, irgendwo im Dunkeln, keiner weiß wo. Er ist hier, er ist da, er ist überall und nirgends. Oben im Fælled Park, unten in Carlsberg. Neben dem Rathaus, draußen im Hafen. Ich bin ein Photon. Ein Lichtquant. Ich werde in die Dunkelheit geschickt, um Bohr zu finden. Und es gelingt mir, weil es mir gelingt, mit ihm zusammenzustoßen … Aber was ist passiert? Sieh mal – er ist abgebremst worden, er wurde abgelenkt! Er tut nicht mehr genau das, was er auf so enervierende Weise getan hat, als ich mit ihm zusammengestoßen bin!
MICHAEL FRAYN, 1998

Aber für die Bevölkerung war die Öffnung der Parks das Wichtige.
»Schändung der königlichen Parks« – also nächtlicher Geschlechtsverkehr in Kopenhagens Schloßparks – war bisher mit dem Verlust eines Fingerglieds bestraft worden, wenn man nicht auf der Stelle bezahlen konnte, was man letzten Endes immer konnte. Jetzt wurden die Parks geöffnet: Besonders der Garten von Schloß Rosenborg wurde in diesen warmen Kopenhagener Sommernächten zu einem phantastischen erotischen Spielplatz. Auf den Rasenflächen und zwischen den Büschen, in einem Dunkel, das verbarg und lockte, entstand ein murmelnder, lachender, wimmernder und spielerisch erotischer Versammlungsplatz, auch wenn Rosenborg bald vom Frederiksbergs Park übertroffen wurde, der nachts nur teilweise beleuchtet war.
PER OLOV ENQUIST, 1999

Beim Anblick des Freskos an der Fassade des Thorvaldsen Museums begann der Franzose mit einer Tirade gegen den gefeierten dänischen Bildhauer. Sein berühmter Löwe gliche einer ausgestopften Bulldogge und seine Venus-Figuren wären nichts anderes als züchtige, in feuchte Laken gewickelte dänische Mädchen.
CARSTEN JENSEN, 2007

Ich ging vor einiger Zeit in dem Rosenburger Garten spazieren, als ich hinter mir eine Person von ganzem Herzen seufzen hörte; und da mich dieses aufmerksam machte, so hörte ich hierauf, daß sie mit einer Stimme, die einen Stein hätte bewegen können, zu ihrer Gefährtin sagte: Lieber Gott! Die Bäume schlagen schon wieder aus.
JOHANN ELIAS SCHLEGL, 1745

Ich mache es nicht wie jener Engländer, welcher gleich nach seiner Ankunft auf den ersten Turm hinaufspringt und dann wieder in den Wagen, weil er nun die ganze Stadt gesehen hat. Aber von einer Stadt wie Kopenhagen darf man nicht scheiden, ohne die köstliche Aussicht von einem der Türme genossen zu haben.
WILLIBALD ALEXIS, 1810

Willst Du hingegen Gold haben, so kannst Du auch das bekommen, und zwar soviel, wie Du tragen magst, wenn Du in die dritte Kammer hineingehst. Aber der Hund, der hier auf der Geldkiste sitzt, der hat zwei Augen, jedes so groß wie der Runde Turm in Kopenhagen. Das ist ein gewaltiger Hund, kannst Du glauben.
HANS CHRISTIAN ANDERSEN, 1835

Jedem Fremden ist zu rathen, diesen Thurm bald nach der Ankunft in Kopenhagen zu besteigen, indem ein Blick von ihm herab ungleich besser in der großen Stadt und ihren Umgebungen orientieren hilft, wie ein noch so genauer Grundriß.
JOHANNES FRIEDRICH LUDWIG HAUSMANN, 1811

Berg und Lange erreichten die Købmagergade. In den Kellergewölben war Abendverkauf. Durch die Scheiben sah man die vollen Buden, der Strom der Passanten kollidierte mit den Dienstmädchen, die bei den Kellerhälsen debattierten. Junge Mädchen vom Kurs eilten mit Handschlag aneinander vorbei, »Geschäftsherren« schossen heraus und hinein ins Gewimmel, mit den Briefen für den letzten Postabgang. Vor den Modeboutiquen, wo die ersten Wintermodelle im Gaslicht prangten, kam man überhaupt nicht mehr vorwärts, und bei jedem fünften Haus wurde der Strom von Gerüsten aufgehalten, vor Gebäuden, die sich im Bau befanden. Deshalb mußte man im Gänsemarsch auf die schmalen Plankenstege ausweichen, die über die Rinnsteine gelegt waren. »Gewaltig, wie wir Fassaden errichten«, sagte Berg, der im flackernden Licht saß und über den Menschenstrom hinwegblickte.
»Wir weißen unsere Gräber«, sagte Lange.
HERMAN BANG, 1887

Doch späterhin am Nachmittag um die Vesperzeit lenkten freilich die meisten ihre Schritte wieder der Stadt zu und suchten das Nordviertel auf, den St.-Petri-Friedhof und die umliegenden großen Gärten; denn das war so Brauch seit alten Zeiten, daß man an den Sommersonntagen nach dem Abendgottesdienst dort lustwandelte und im Schatten der grünen Bäume frische Luft schöpfte.
JENS PETER JACOBSEN, 1875

Der Runde Turm

Am liebsten ging Brecht in die Seemannskneipen in Nyhavn. Sie befinden sich, eine neben der anderen, meist in Kellern. Die großen Restaurants mochte Brecht nicht, schon weil ihn dort die Kellner mißtrauisch von oben bis unten fixierten. Bei den Seeleuten konnte er seine blaue Arbeitshose anbehalten und wurde gut aufgenommen. Einen Seemann hatte er besonders ins Herz geschlossen. Der saß eines Tages allein in einer Ecke, und man hatte ihm einen Lampenschirm auf den Kopf gesetzt. Sein in drei Monaten hart verdientes Geld war irgendwie abhanden gekommen. Er begrüßte Brecht, indem er den Lampenschirm wie einen Hut abnahm und traurig sagte: »Das ist nun alles, was ich meiner Mutter schenken kann.« Die Matrosen tauschten pornographische Bilder und sangen Seemannslieder. Brecht hatte Verständnis für die Prostituierten, er sagte von ihnen: »Sie sind großzügige Leute«. Er hatte nämlich ein Gespräch verfolgt: Da war ein Seemann gewesen, der kein Geld mehr hatte, aber doch mitgenommen wurde – auf Kredit.   RUTH BERLAU, 1985

Kneipe in Nyhavn

Jener Platz in Kopenhagen, an dem die Königliche Oper steht, heißt der Kongens Nytorv. Es ist ein außerordentlich freundlicher, geräumiger Platz. Und will man ihn mit der Muße betrachten, auf die er Anspruch hat, setzt man sich am besten vors Hotel d'Angleterre. Unter freiem Himmel, vor der Front des Hotels, stehen in langen Reihen Stühle und Tische. Gäste aus aller Welt sitzen nebeneinander, lassen sich sorgfältig bedienen und finden sich notgedrungen mit den Annehmlichkeiten des Lebens ab. Übrigens kehren kein Stuhl und kein Gast dem Platz den Rücken. Man sitzt wie im Parterre eines vornehm bewirtschafteten Freilichttheaters, blickt gemeinschaftlich zur Fassade des Opernhauses hinüber und ergötzt sich an dem heiteren Treiben, das die Kopenhagner Bürger ihren Fremden darzubieten gewohnt sind.

Es ist schon recht sonderbar mit diesem Kongens Nytorv! Man mag jahrelang nicht mehr in Dänemark gewesen sein, und inzwischen gab's auf jeden Fall in etlichen Staaten Revolution, vielleicht wurde der Usurpator von Afghanistan von den Parteigängern seines Cousins aufgeknüpft, und in Japan stürzten bei einem Erdbeben mindestens zehntausend Häuser ein, als seien sie aus Altenburger Skatkarten erbaut gewesen – wenn man dann wieder aus der Amagergade herauskommt, sich nach links wendet und zum d'Angleterre blickt, sitzen noch immer jene eleganten Frauen und distinguierten Fremden, in fünf Reihen gestaffelt, vorm Hotel, unterhalten sich in einem Dutzend Sprachen, mustern geduldig das fröhliche Treiben und verbergen mühsam hinter der Gelassenheit ihrer Mienen, wie gut die dänische Küche schmeckt. Am Kongens Nytorv steht die Zeit still.
ERICH KÄSTNER, 1935

Gemeinsame Erinnerung

Nacht auf der Nyborgschaluppe
Frührot im finnischen Ried
Zeitung und Zwiebelsuppe
New York, fifty-seventh Street

Im Paris der Kongresse
Svendborg und Wallensbäk
Londoner Nebel und Nässe
Auf der »Anni Johnson« Deck

Zelt auf der Birkenkuppe
In Marlebaks Morgengraun
O Fahne der Arbeitertruppe
In der Altstadt von København!

BERTOLT BRECHT, 1941

Es ist ein recht merkwürdiges Zusammentreffen, daß auf der Østergade zwei Konditoren einander gegenüber wohnen.
SØREN KIERKEGAARD, 1843

Meine erste Wanderung war nach dem Theater; ich ging mehrere Male um dasselbe herum, blickte die Mauern hinauf und betrachtete es fast als eine Heimat.
HANS CHRISTIAN ANDERSEN, 1819

FILME

Die CORSO*folio*-Auswahl

**Hans Christian Andersen
(Hans Christian Andersen
und die Tänzerin)**
Regisseur: Charles Vidor, 1952
Darsteller: Danny Kaye, Farley Granger,
Joseph Walsh

**Olsenbanden
(Die Olsenbande)**
Regie: Erik Balling, 1968
Darsteller: Ove Sprogøe, Poul Bundgaard,
Morten Grunwald

**Smilla's Sense of Snow
(Fräulein Smillas Gespür für Schnee)**
Regie: Bille August, 1997
Darsteller: Ona Fletcher, Julia Ormond,
Patrick Field

**Forbrydelsen
(Kommissarin Lund –
Das Verbrechen)**
Regie: Birger Larsen, 2007
Darsteller: Sofie Gråbøl, Lars Mikkelsen,
Bjarne Henriksen

**Flammen & Citronen
(Tage des Zorns)**
Regie: Ole Christian Madsen, 2008
Darsteller: Mads Mikkelsen,
Thure Lindhardt, Stine Stengade

Ich werde in Nyhavn auf der Charlottenburger Seite wohnen und bekomme im zweiten Stock zwei hübsche große Zimmer; das eine geht auf den Botanischen Garten, das andere auf den Kanal, wo die zweimastigen Schiffe liegen und die Schiffsjungen im Mastkorb hängen.
HANS CHRISTIAN ANDERSEN, 1834

Von da auf den Amalien Platz, der aus einem Oktogon von 8 gleichförmigen Palläsen besteht, wo die prächtige Statue Friedrichs des V. steht, die wir von allen Seiten betrachtet. Alle Beschreibungen, alle Kupferstiche sind nichts. Die Majestät, die Einheit, die Harmonie, die Würde des ganzen (an dem freylich zwölf Jahre gearbeitet ward) ist, meines Erachtens, unbeschreiblich.
JOHANN KASPAR LAVATER, 1793

Diesen Vormittag einige Visiten gemacht, und dann mit meinem Führer Birch die schöne Stadt besehen. Der schönste Theil ist Friedrichsstadt, und ich glaube man wird an wenig Orten so schöne Gebäude finden. Der Amalienburg besteht nur aus 4 prächtigen Palais; dessen Mitte ist mit einer schönen Statue von Bronze den König Friederick den 5. zu Pferde vorstellend geziert.
FRANZ XAVER WOLFGANG MOZART, 1819

Mein Großvater«, sagte er, »hat Hühneraugen, die schlimmsten Hühneraugen von ganz Kopenhagen! Wenn sie ihn besonders plagen, dann seufzt er und stöhnt und sagt: ›Es gibt Stürme im chinesischen Meer, das ist eine verdammte Sache, meine Schiffe gehen zu Grund.‹ Und weißt du, ich glaube, die Seeleute sagen dann: ›Es gibt Sturm auf dem Meer, das ist eine verdammte Sache, unser Schiff wird zugrunde gehen.‹ Jetzt wird's Zeit, daß der alte Großpapa in der Bredgade sich die Hühneraugen schneiden läßt.«
TANIA BLIXEN, 1934

Gefion-Springbrunnen

Ein großartiger Park liegt fast direkt am Wasser mit Aussicht auf den Hafen und das offene Meer, im Park ein feines großes Bronzedenkmal, ganz dunkelgrau, das eine weibliche Figur darstellt, die mit vier wilden Büffeln pflügt, alles mitten im aufspritzenden Wasser. Das ist die Darstellung der Mythe, wonach die Insel Seeland, auf der Kopenhagen steht, aus dem Meer herausgepflügt worden ist. Ich konnte mich an dem Brunnen nicht satt sehen, so viel Kraft und Bewegung liegt in dieser Gruppe.

ROSA LUXEMBURG, 1910

Jeder Kopenhagener weiß, wie der Eingang zum Friedrichshospital in Kopenhagen aussieht, aber da vermutlich auch einige Nichtkopenhagener diese Geschichte lesen, müssen wir eine kurze Beschreibung darüber geben. Das Hospital ist von der Straße durch ein ziemlich hohes Gitter getrennt, dessen dicke Eisenstäbe so weit auseinanderstehen, daß, wie man erzählt, sich sehr dünne Kandidaten hindurchgeklemmt und draußen kleine Besuche gemacht haben sollen. Der Teil des Körpers, der am schwierigsten hinauszubefördern war, war der Kopf; hier, wie oft in der Welt, waren also die kleinen Köpfe die glücklichsten. Dieses wird als Einleitung genug sein.
HANS CHRISTIAN ANDERSEN, 1838

Einer von den bekanntesten und geachtetsten Bewohnern von Nyboder zu der Zeit, von der hier die Rede ist, war der alte, pensionierte Oberbootsmann Olufsen in der Melissenstraße. Jeden Vormittag, wenn die Turmuhr der St. Pauls-Kirche elf schlug, konnte man seine hohe, magere, ein wenig gebeugte Gestalt aus der niedrigen Türe des kleinen, zweistöckigen Hauses treten sehen, dessen obere Räume er bewohnte, und einen Augenblick blieb er auf dem Bürgersteig stehen, um auf Seemannsart nach den Wolken emporzusehen und den Blick über die Dachfirste wie über die Takelage eines Schiffes laufen zu lassen.
HENRIK PONTOPPIDAN, 1904

Das Frühjahr ist die beste Zeit der »Langelinie«. Jede unserer Anlagen hat ihre Saison. Im Juni ist Rosenborg der rechte Ort. Die Nervosität der Bälle begegnet dem Bauchweh der Mittagessen, und die Leberkranken laufen mit den Gallenkranken um die Wette, um aus dem Brunnen zu trinken. Der Herbst gehört Frederiksberg. Dort ist es immer schön, besonders an Sommerabenden, wenn sich die Schatten zwischen den vereinzelten Bäumen verdichten und die Töne über dem Wasser der Kanäle tiefer werden. Und doch ist es am schönsten dort im Oktober. Denn der Herbst fällt so lautlos auf diesen Garten, er greift behutsam nach jedem Baum, spiegelt verweilend seine Schönheit im gleitenden Wasser und zögert lange. Die Luft ist klar, die Feuchtigkeit der Nacht läßt die gelben Blätter erglänzen, die Töne werden im Nebel weich – und wenn ein Windhauch kommt, so löst sich nur ein einziges Blatt, fällt still herab, schwimmt auf dem Wasser wie eine Feder und verschwindet hinter der Biegung des Kanals.

Der Sommerabend ist die Zeit des Kastellwalls. Hier ist es stets einsam. Der Lärm der Stadt dringt nur wie ein schwindendes Echo hierher, und die Bäume streuen ihren Blütenregen auf den grünen Teppich, friedlich wie in einem Pfarrhausgarten. Am Abend ist es hier noch stiller. Dann duften die Linden am Gehege des Kommandanten, und am Mühlenweg werfen Nußbäume und Weiden ihre Schatten. Und die Luft ist lau, gesättigt von Blütenstaub und Duft. Die dunkle Böschung birgt hinter jedem ihrer überhängenden Sträucher ein Geheimnis, und darunter funkelt der Graben wie ein dunkles Auge. In den Bäumen der ›Smedelinie‹ schlägt die Nachtigall … Sommerlich still ist dieser Fleck wie ein paar Zeilen aus einer Strophe von Winther.

Das Frühjahr ist die beste Zeit der Langelinie.

Denn dort gibt es Stammgäste. Sie halten das ganze Jahr hier aus, und Morgen für Morgen, wenn sie bei jedem Wetter lostapfen, den Kragen bis zu den Ohren hochgeschlagen und die Hände in den Taschen vergraben, grüßt sie der Ostwind. Sie machen ihre Spaziergänge wie ein Geschäft, mit demselben Gesichtsausdruck wie Kinder, die Rizinus eingenommen haben, und immer sehen sie so aus, als hätten sie etwas Bitteres im Mund. Sie kennen sich untereinander alle wie die Abonnenten im Theater, und sie grüßen sich, doch mit einem so mürrischen und verbissenen Lächeln, als täte es ihnen weh, die Zähne auseinanderzubekommen. Ihr Spaziergang ist die Apotheose der schlechten Morgenlaune, und wenn an irgendeinem Wintertag mit klarem Frost und Sonnenschein der eine oder andere lose und freie Vogel vor seiner üblichen Zeit aus dem Bett gelockt wird und hierhergeht, um den Sund zu grüßen, der kalt blinkt wie gewellter Stahl – dann rotten sich die Stammgäste zusammen, und könnten zornige Seitenblicke den Unglücklichen ins Wasser oder auf die Fahrbahn der ›Linie‹ werfen, so würde er dort viele Male landen.

Doch zum Frühjahr müssen die Stammgäste ihre Despotie aufgeben. Die losen Vögel nehmen ihnen den Wind aus den Segeln. Eines Tages steht man auf, vielleicht ist man zu einem Ball gewesen und hat die Nacht in jenem Dämmerschlaf verbracht, in dem die Augen, nicht aber die Gedanken schlummern. Und im Kopf schwirren Bruchstücke der Ballmelodien. Dann schüttelt man die Träumereien von sich ab und steht auf. Und ist man an einem solchen Morgen hier gewesen, wo der Sund wogend und frisch vor einem liegt und die Frühjahrsluft mit ihrer reinen Schärfe fast wie edler Wein ermüdet und berauscht, dann kehrt man oft zurück.

Denn alles lächelt, der Himmel und das Meer. Die Luft rötet die Wangen, und es ist so frisch und herrlich hier, daß auch die Sorgen, wenn es sie in unseren Nächten gab, über den Sund davonwehen. Hier hat man sein Stelldichein mit dem Frühjahr.

Und das Frühjahr ist eine ganz gefährliche Zeit für die Herzen. Liebeleien, die Schmetterlinge des Herzens, flattern im Frühjahr arn heftigsten. Darum kann es wohl geschehen, daß das Stelldichein mit der Natur – von freundlichem Lächeln und verstohlenen Blicken belebt – zum Rendezvous wird.

Am Mittag ist das Leben am buntesten. Auf der Fahrbahn wimmelt es von Wagen. Man hat das Verdeck zurückgeschlagen, und da sitzen sie auf dem hinteren Sitz, die älteren Damen, in Pelze eingehüllt, die Lorgnette vor dem Auge und den Mops auf dem Schoß. Sie fahren zu den Kalkbrennereien hinaus, um das Lieblingstierchen zu bewegen. Und die jungen Mädchen verstecken ihre Gesichter hinter flatternden Schleiern, und von Wagen zu Wagen begrüßt man sich mit dem Freimaurerzeichen der guten Gesellschaft, und die gewöhnlichen Menschen traben auf der ›Linie‹, und in ihren Augen sind die Wagenbesitzer die Agierenden – dergleichen ist gegenseitig.

Da ist Karneval mit allen Kostümen. Frühjahr und Winter begegnen einander, und man sieht Pelze Seite an Seite mit der sommerlichen Helle eines Junitages. Alle wollen hinaus, und keiner bleibt daheim, nicht einmal jene, die der Schneider vergessen hat oder die den Schneider vergessen mußten...

Das Frühjahr ist die beste Zeit der Langelinie.

HERMAN BANG, 1882

Was hier im Meere gerade schön ist:
Deinen Fischschwanz, finden sie dort auf der Erde häßlich;
sie verstehen es eben nicht besser;
man muß dort zwei plumpe Säulen haben, die sie Beine nennen,
um schön zu sein!« Da seufzte die kleine Seejungfrau
und sah betrübt auf ihren Fischschwanz.

HANS CHRISTIAN ANDERSEN, 1837

Hatte nicht der dänische Hof sogar ein besonderes Dorf bei Kopenhagen liegen, Amak genannt, wo die königlichen Herrschaften jedesmal nordholländische Bauern wurden und nach den elendesten polnischen Böcken oder Dudelsäcken tanzten?

JEAN PAUL, 1820

Trotz der wahrhaft entzückenden Aussicht vom Thurme der Frelserkirche mußten wir des scharfen Windes wegen doch an die Rückkehr denken. Manchmal schien wirklich der ganze Thurm unter den heulenden Stößen zu erzittern.

Mein Sohn begann allmählich ernstlich darunter zu leiden, denn man wird leicht glauben, daß diese Empfindung eines unsicheren Standpunktes in einer Höhe von fast hundert Metern über der Erde peinlich genug ist. Er wird zusehends gelb und grün, als hätte ihn die Seekrankheit befallen, sein Blick wird unsicher ... es war höchste Zeit, hinabzusteigen.

Wir begannen also die Niederfahrt. So sehr ich es gewöhnt bin, auf schwindligen Bergpfaden herabzuklettern, muß ich doch gestehen, daß diese korkzieherförmige scheinbar ins Leere gehende Treppe auch mir eine peinliche Empfindung erregte. Ohne gerade so grün zu werden wie mein Sohn, erbleichte ich doch ebenfalls, und es hätte vielleicht nicht mehr langer Zeit bedurft, um mich in denselben hilflosen Zustand zu versetzen wie ihn.

Schon waren wir ein Dutzend Meter hinabgestiegen, als uns plötzlich ein unerwartetes Hinderniß entgegenstand.

Eine starke Dame von einigen fünfzig Jahren, mit gewaltigem rosafarbenen Hute auf dem Kopfe und umspannt von einem engen apfelgrünen Kleide, sperrte den schon für eine Person etwas schmalen Weg.

Der würdigen Dame, anscheinend einer Deutschen, folgten nicht mehr als elf leibliche Kinder. Ja, ich wiederhole es, elf ihrer Kinder, denn wer kann wissen, ob sie deren nicht noch mehr besitzt.

Die von ihr angeführte Karawane schloß fünf bis sechs Meter weiter unten ein sehr dicker Herr, ohne Zweifel der Gatte und Vater seiner Vorgänger, der sich schwitzend und keuchend den steilen Weg hinaufarbeitete.

Was war zu thun? Der Fall schien kritisch. Wieder zurückzukehren war ich kaum im Stande. Es blieb uns nichts übrig, als vorwärts zu dringen, aber dann mußten wir die ganze Menschenschlange wieder hinabdrängen, denn hier konnte Niemand an einem Anderen vorüberkommen.

Die Sache wurde unangenehm. Die Mutter schleuderte mir wüthende Blicke zu und schien sich schon zu einem Kampfe vorzubereiten. Ihr Mann, der zu weit zurück war, um die Ursache der Störung erkennen zu können, wetterte aus den unteren Regionen herauf und mochte nicht bei bester Laune sein.

Das beste war also, mit den Neuangekommenen zu verhandeln und sie zum Umkehren zu bestimmen.

»Wir können nicht zurück, Madame, es ist absolut unmöglich.«

»Aber, mein Herr«, antwortete sie in fremdländisch betontem Französisch, »wir sind unzweifelhaft berechtigt ...«

»Ganz sicher ... Doch, Sie wissen, es giebt Fälle, wo Gewalt vor Recht geht, oder vielmehr wo die Noth kein Gebot kennt, und wir – wir sind gezwungen, bald hinunter zu gelangen!«

Bei diesen Worten wies ich auf das leichenähnliche Gesicht meines Sohnes.

Das wirkte; die Karawane wich ohne Widerrede über Hals und Kopf zurück. Binnen zwanzig Secunden war der Weg frei, der Feind verschwunden und wir stiegen ruhig die zwanzig Meter hinunter, die uns noch von der inneren Treppe der Frelserkirche trennten.

PAUL VERNE, 1881

Ich gehe vorbei und schaue die Grabsteine an. Merkwürdig, ein so großes Land, dieses Dänemark, und so wenig Namen: alle Toten heißen Hansen, Nielsen, Andersen, Larsen, Sörensen, Baggesen, Nansen, Michaelis, Jacobsen, Jensen, Petersen. Aber wie viele Träger dieser spezifisch dänischen Namen haben in der Welt Klang gewonnen, wie viele besondere Assoziationen rufen diese Wald- und Wiesennamen hervor.
EGON ERWIN KISCH, 1925

Diese Dänenstadt mit den höflichen Dänen darin gefällt mir ganz und gar nicht. Ich habe überhaupt das Unglück, daß der erste Eindruck, der dann wieder von lauter Bagatells abhängig ist, sich leicht bei mir fixiert. Hier kam ich bei naßkaltem Regen an und nun seh ich's immer noch regnen. Güldenstiern und Rosenkranz und zur Abwechslung einmal Rosenkranz und Güldenstiern. Immer die Mütze in der Hand, ich kann's nun einmal nicht leiden, die Grobheit, die es gut mit sich selbst meint, ist mir lieber.
FRIEDRICH HEBBEL, 1842

Es war auf jenem Pfad, der zwischen Nørre- und Østerport liegt, um halb sieben Uhr etwa. Die Sonne hatte ihre Macht verloren, nur die Erinnerung an sie war in einem milden Schimmer bewahrt, der sich über die Landschaft breitete. Die Natur atmete freier. Der See war still, blank wie ein Spiegel. Die traulichen Gebäude am Bleichdamm spiegelten sich im Wasser, das ein weites Stück hinaus dunkel war wie Metall. Der Pfad und die Gebäude auf jener Seite wurden von ohnmächtigen Sonnenstrahlen beleuchtet. Der Himmel war klar und rein, nur eine einzelne leichte Wolke glitt unbemerkt über ihn hin, am besten erkennbar, wenn man das Auge auf den See heftete, über dessen blanke Stirn hin sie verschwand. Kein Blatt rührte sich.
SØREN KIERKEGAARD, 1843

Fahre uns dahin, wo irgend etwas Schönes zu sehen ist; und das Schönste, wovon der Kutscher wußte, waren nicht die Bildergalerien und Museen, nein, es war der Assistens-Kirchhof. Dort hinaus fuhr die englische Familie, und dieselbe soll von dem Kirchhofe so entzückt gewesen sein, daß sie das Gelübde tat, wiederzukommen, um sich hier begraben zu lassen! So hat es wenigstens der Kutscher erzählt, und Nils war ganz derselben Ansicht wie dieser und die englische Familie. Es sei der schönste Ort der Welt, meinte er.
HANS CHRISTIAN ANDERSEN, 1857

*So ging es durch die Bred- und Ny Öster-Gade
zunächst auf die Österbroer Vorstadt,
und als man diese passiert, auf den am Sunde hinlaufenden Strandweg zu.
Holk war entzückt von dem Bilde, das sich ihm darbot;
unmittelbar links die Reihe schmucker Landhäuser
mit ihren jetzt herbstlichen, aber noch immer in Blumen stehenden Gärten
und nach rechts hin die breite, wenig bewegte Wasserfläche
mit der schwedischen Küste drüben
und dazwischen Segel- und Dampfboote, die nach
Klampenborg und Skodsborg und bis hinauf nach Helsingör fuhren.*
THEODOR FONTANE, 1892

Eine obskure Matrosenkneipe. Nicht weit vom Nyhavn. In einer Nebengasse. Man muß etliche schiefgetretene Stufen hinunterklettern. Und später dieselben Stufen wieder hinauf! Das ist der schwierigere Teil der Kletterpartie.
Aber noch war es nicht soweit.
Oskar Külz saß in einer Nische. Storm, der Mann mit den hochgerutschten Ohren, hockte neben ihm. Sie waren vorgerückter Laune und tranken einander zu. Manchmal mit Tuborg Öl. Manchmal mit Aquavit. An den anderen Tischen saßen Männer in blauen Schifferjoppen und tranken ebenfalls.
»Eine schöne Stadt«, erklärte Külz.
Storm hob sein Schnapsglas hoch. Külz auch.
»Prost!« riefen beide und tranken die Gläser leer.
»Eine wunderschöne Stadt«, sagte Külz.
»Eine fabelhafte Stadt«, meinte Storm.
»Eine der schönsten Städte überhaupt«, behauptete Külz. Es klang wie Skat mit Zahlenreizen.
Dann tranken sie wieder. Diesmal Bier. Der Kellner brachte, ohne direkt aufgefordert worden zu sein, zwei Gläser Aquavit.
»Eine herrliche Stadt«, murmelte Külz.
Storm nickte gerührt. »Und morgen müssen wir sie verlassen!«
ERICH KÄSTNER, 1935

Ab Kopenhagen

Kein Kaviar, kein' Kokosnuß.
Kein Obst noch Weinbergschnecken –
Am Tage, da ich reisen muß,
Da will mir nichts mehr schmecken.

Lebe wohl, du schönes Kopenhagen!
Wie ist das schlimm: entbehrlich sein.
Was kümmert dich im Grunde mein
Schweres Herz und mein leerer Magen.

Der mein Gepäck zur Bahn gebracht,
Der Mann kennt keine Tränen.
Im Gegenteil: er grüßt und lacht
Vergnügt. So sind die Dänen.

Wie stets nach dreißig Tagen
Bricht eine neue Welt entzwei.
Mich hat ein Mädchen hier umgarnt,
Ein Wunderweib! – Vorbei! Vorbei!
Nun sitz ich still im Wagen.
Jedoch ich will nicht klagen.
Vor Taschendieben wird gewarnt.

Lebe wohl, du schönes Kopenhagen.
JOACHIM RINGELNATZ, 1927

Übermorgen ist eine Art Abschiedstag, und da wollen wir denn noch einmal richtig essen. Wer nicht mindestens zwanzig Pfund zugenommen hat, wird von der Zollbehörde nicht aus dem Land gelassen, hörte ich.

KURT TUCHOLSKY, 1927

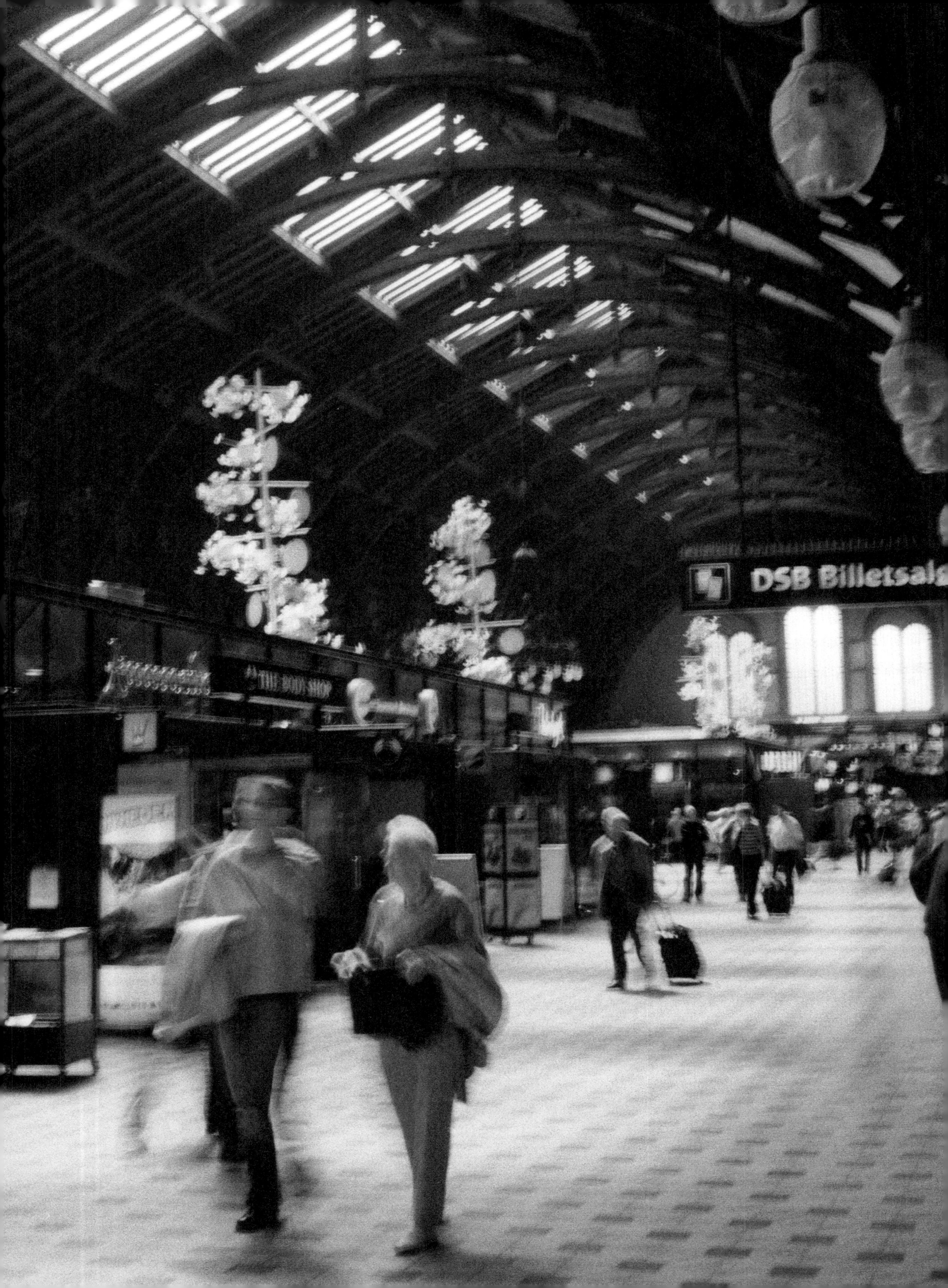
DSB Billetsal
THE BODY SHOP

»Magazin in bester Buchform.«
DIE WELT

WELTWEIT GRÖSSTE REISEMESSE — ITB Berlin BuchAwards 2011, Das literarische Reisebuch

---

Gastgeber: Martin Mosebach

Mit Beiträgen *u. a.* von
Karl Galinsky, Lydia Gless, Ursula Keller, Navid Kermani, Pier Paolo Pasolini, Johannes Saltzwedel, Birgit Schönau, Feridun Zaimoglu
und dem Bilderbogen von
Herbert List

Gastgeber: Matthias Politycki

Mit Beiträgen *u. a.* von
Alain de Botton, Christoph Dallach, Eike Schönfeld, Margit Dirscherl, Rüdiger Görner, Stefan Tobler, Jan Böttcher, Stefanie Schütte, Martin R. Dean
und dem Bilderbogen von
Wolf Suschitzky

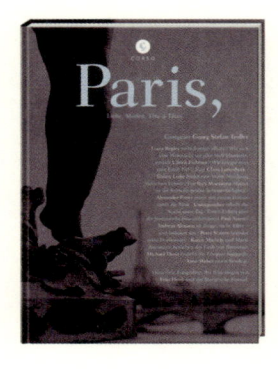

Gastgeber: Georg Stefan Troller

Mit Beiträgen *u. a.* von
Andreas Altmann, Louis Begley, Ullrich Fichtner, Danny Leder, Claus Lutterbeck, Karen Michels, Bart Moeyaert, Paul Nizon, Alexander Perrey, Peter Stamm, Michael M. Thoss, Anne Weber
und dem Bilderbogen von
Fritz Henle

Gastgeber: Eva Menasse

Mit Beiträgen *u. a.* von
Thomas Kapielski, Elfriede Jelinek, Alfred Dorfer, Michael Stavarič, Thomas Glavinic, Georg Stefan Troller, Verena Mayer, Sibylle Hamann, Hans Menasse, Axel von Ernst, Ulrich Ladurner, Bernd Püribauer, Dirk Stermann
und dem Bilderbogen von
Nikolaus Walter

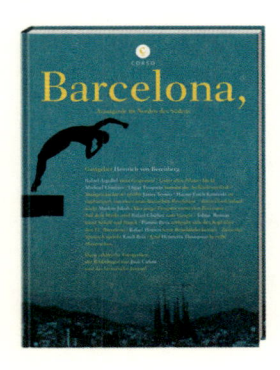

Gastgeber: Heinrich von Berenberg

Mit Beiträgen *u. a.* von
Rafael Chirbes, Javier Tomeo, Henrietta Thompson, Rafael Horzon, Michael Ebmeyer, Rafael Argullol, Oscar Tusquets, Markus Jakob, Emili Boix, Vanessa González, Marina Martínez Oriol, Gontran Patrick Dutoya, Ona Harster Prats, Tobias Thomas, Ramon Besa
und dem Bilderbogen von
Joan Colom

Gastgeber: Ulrich Sonnenberg

Mit Beiträgen *u. a.* von
Jan Christophersen, Erling Jepsen, Elmar Jung, Ulrich Sonnenschein, Elsemarie Maletzke, John Tchicai, Tove Ditlevsen, Helga Othenin-Girard, Rainer Moritz, Friederike Haedecke, Matthias Hannemann, Joakim Garff, Karin Ceballos Betancur, Anouk Jans, Clemens Meyer
und dem Bilderbogen von
Helmer Lund-Hansen

Gastgeber: Wilhelm Genazino

Mit Beiträgen *u. a.* von
Tilman Spreckelsen, Karl-Markus Gauß, Esmahan Aykol, Özlem Topçu, Pinar Selek, Bedri Baykam, Janet Riedel, Cornelia Tomerius, Ulli Kulke, Mario Rispo, Daniel Steinvorth, Jesco Denzel, Perihan Magden, Joachim Sartorius
und dem Bilderbogen von
Ara Güler

CORSO*folio*:
mindestens 160 Seiten,
durchgängig 4-farbig
und Duotone auf zwei Papieren.
Format 22 × 30 cm,
Fadenheftung, Hardcover.
Einzelpreis: € 26,95
Abopreis (sechs Ausgaben jährlich):
€ 149,70

CORSO
Willkommen woanders.

CORSO, Gaußstraße 124–126, 22765 Hamburg, Telefon +49 (0) 40 226 33 40-0
www.corso-willkommen.de

Impressum

Herausgeber Rainer Groothuis, Christoph Lohfert
Redaktionsleitung dieser Ausgabe Rainer Groothuis
Mitarbeit Hanna Kronberg, Joachim Otte, Amelie Solbrig
Verlag und Redaktion CORSO / Groothuis, Lohfert Verlagsgesellschaft mbH, Gaußstr. 124–126, 22765 Hamburg, Telefon +49 (0) 40 226 33 40-0, Telefax +49 (0) 40 226 33 40-65, info@corso-willkommen.de
Das Abo Abonnenten erhalten 6 Ausgaben/Jahr zu einem Bezugspreis von € 149,70 [sFr. 207,90], inkl. Porto und Versand. Die Mindestlaufzeit beträgt 12 Monate, das Abonnement verlängert sich jeweils um ein weiteres Jahr, wenn nicht sechs Wochen vor Ende des Bezugszeitraums gekündigt wird. Abonnenten erhalten jeweils zum Jahresende den CORSO-Almanach mit literarischen Originalbeiträgen, neuen Fotografien, Geschichten über Autorinnen und Autoren, Nachrichten aus dem Verlag – gebunden und nur für Abonnenten (erstmals 2011). Weiterhin werden Abonnenten in jedem Frühsommer (erstmals 2012) zu einer exklusiven Veranstaltung nach Hamburg eingeladen.
Abonnenten- und Leserservice Heike Ramuschkat, Telefon +49 (0) 40 226 33 40-0, heike.ramuschkat@corso-willkommen.de
Gestaltung/Ausstattung Groothuis, Lohfert, Consorten | glcons.de
Lithografie Frische Grafik (Cover)/Einsatz Creative Production (innen), beide Hamburg
Druck auf FocusArt Natural und Schleipen Fly (Journal) durch optimal media production GmbH, Röbel
Verarbeitung Conzella, Urban Meister GmbH & Co. KG

1. Auflage im September 2011 | ISBN 978-3-86260-020-5
Printed in Germany

Text- und Bildnachweise

Texte in ihrer Abfolge:
S. 4–128: alle Texte, © CORSO/Groothuis, Lohfert Verlagsgesellschaft mbH, Hamburg 2011 und jeweiliger Autor | außer: **S. 102–105:** Kurt **Tucholsky:** Gesammelte Werke in zehn Bänden. Band 5, Hrsg. von Mary Gerold-Tucholsky und Fritz J. Raddatz, Rowohlt Verlag, Reinbek bei Hamburg 1975

Auswahl und Zusammenstellung des *Journals* Ulrich Sonnenberg

S. 130: Heinrich **Heine:** Reise von München nach Genua, in: Werke und Briefe in zehn Bänden. Band 3: Reisebilder. Herausgegeben von Hans Kaufmann © Aufbau Verlag, Berlin und Weimar 1980; Thomas **Mann:** Tonio Kröger © S. Fischer Verlag. Berlin 1903; Matthias **Claudius:** Briefe an Freunde. Band 1. Hg. von Hans Jessen. © Eckart Verlag. Berlin 1938; **Klabund:** Deutsche Literaturgeschichte in einer Stunde © Dürr und Weber. Leipzig 1923. | **S. 132:** Saxo **Grammaticus:** Danmarks Rigets Krønike. Band 3, København 1970, zitiert nach: Reise Textbuch Kopenhagen. Ein literarischer Begleiter auf den Wegen durch die Stadt. Herausgegeben von Bernd-Rüdiger Schwesig © Deutscher Taschenbuch Verlag. München 1989; Theodor **Fontane:** Unwiederbringlich © Aufbau Verlag. Berlin/Weimar 1974; Michael **Franck:** Ein böse einheimisch Bier …, in: Michael Francks Rejse til Denmark 1590. Meddelet af Troels Lund. © Danske Magazin. København 1887–89 | **S. 133:** Friedrich **Hebbel:** Briefe. 2. Band 1839–1843. © B. Behrs Verlag. Berlin 1905; Theodor **Mügge:** Reise durch Skandinavien. Skizzen aus dem Norden. 1. Bd. Hannover 1844; Rainer Maria **Rilke:** Rainer Maria Rilke, Lou Andreas Salome: Briefwechsel © Insel Verlag. Frankfurt 1975; Richard **Adams:** Das Mädchen auf der Schaukel. Aus dem Englischen von Uwe Friesel © C. Bertelsmann Verlag. München 1981 | **S. 134:** Peter **Høeg:** Fräulein Smillas Gespür für Schnee. Aus dem Dänischen von Monika Wesemann. © Carl Hanser Verlag. München 1994 | **S. 135:** Henrik **Ibsen:** Offener Brief (An den Dichter H. Oe. Blom), aus: Gedichte, www.gutenberg.spiegel.de; Heinrich **Böll:** Geständnis eines Flugzeugentführers, in: Du fährst zu oft nach Heidelberg © Verlag Lamus GmbH. Bornheim-Merten 1979; Ludvig **Holberg:** Nachricht von meinem Leben. In drei Briefen an einen vornehmen Herrn. 2. Brief 1745 © Frankfurter Verlagsanstalt. Frankfurt 1926; Søren **Kierkegaard:** Tagebuch des Verführers. Aus dem Dänischen von Helene Ritzerfeld. © Insel Verlag. Frankfurt am Main 1983; Theodor **Mügge:** Reise durch Skandinavien. Skizzen aus dem Norden. 1. Bd. Hannover 1844; Hans Christian **Andersen:** aus: Ulrich Sonnenberg, Hans Christian Andersens Kopenhagen. Mit Photographien von Rainer Groothuis © Schöffling & Co. Verlagsbuchhandlung GmbH. Frankfurt am Main 2004 | **S. 136:** Danny **Kaye:** Wonderful Copenhagen, zitiert nach: www.angelfire.com/film/dannykaye/DannyKaye_lyrics.htm | **S. 137:** Rosa **Luxemburg:** Gesammelte Briefe, Band 3 © Dietz Verlag. Berlin 1982; Hans Henny **Jahnn:** Kleine Reise durch Kopenhagen, in: Werke und Tagebücher in 7 Bänden. Band 7: Schriften, Tagebücher. Herausgegeben von Thomas Freeman und Thomas Scheuffelen © Hoffmann und Campe Verlag GmbH. Hamburg 1974; Johann Peter **Hebel:** Unglück in Koppenhagen, in: Die Kalendergeschichten. Sämtliche Erzählungen aus dem Rheinischen Hausfreund. Herausgegeben von Hannelore Schlaffer und Harald Zils © Carl Hanser Verlag. München 1999; Tove **Ditlevsen:** Straße der Kindheit. Berechtige Übertragung aus dem Dänischen von Bernhard Jolles © Büchergilde Gutenberg. Frankfurt am Main 1952 | **S. 138:** Kurt **Tucholsky:** Glückliches Kopenhagen, eine Oase in der Wüste, Gesammelte Werke in zehn Bänden. Band 5. Hrsg. von Mary Gerold-Tucholsky und Fritz J. Raddatz. Rowohlt Verlag, Reinbek bei Hamburg 1975; Karel **Čapek:** Die Reise nach dem Norden. © Verlag Julius Kittls Nachfolger M.-Ostrau. O. O. 1938; Julien **Green:** Meine Städte. Ein Reisetagebuch 1920–1984. Aus dem Französischen von Helmut Kossodo © Paul List Verlag. München 1986; Hans Christian **Andersen:** Der Hausschlüssel, in: Andersens Märchen. In neuer Übersetzung von L. Tronier Funder © Gefion-Verlag. Kopenhagen, Berlin o. J. | **S. 139:** Jørgen Bonde **Jensen:** Carlsberg. Et københavnsk drømmebillede. Aus dem Dänischen von Ulrich Sonnenberg © Tiderne Skifter. København 1976; Pierre **Loti:** Auf fernen Meeren. Tagebuchfragmente und Briefe. Gesammelt und herausgegeben von seinem Sohn Samuel Viaud. Deutsch von Irene Kafka © Verlag Kurt Ehrlich. Berlin 1924 | **S. 140:** Tom **Kristensen:** Roman einer Verwüstung, Verlag Volk & Welt, 1930; Rainer Maria **Rilke:** Briefe aus den Jahren 1902–1906 © Insel Verlag. Leipzig 1929; Hans Christian **Andersen:** Die Nachbarsfamilien, in: Sämmtliche Märchen © Verlag von B. G. Teubner. Leipzig 1850; Herman **Bang:** Der Brand, in: Exzentrische Existenzen. Erzählungen und Reportagen. Herausgegeben, übersetzt und mit einem Nachwort versehen von Ulrich Sonnenberg © Insel Verlag. Frankfurt am Main und Leipzig 2007; Ludvig **Holberg:** aus: Jens Fleischer: Kopenhagen. Kulturhistorischer Stadtführer © Wachholtz Verlag. Neumünster 1987; Kurt **Tucholsky:** Schloß Gripsholm, in: Gesamtausgabe, Band 14: Texte 1932. Herausgegeben von Sabina Becker © Rowohlt Verlag GmbH. Reinbek bei Hamburg 1998 | **S. 141:** Bernhardt **Wusenbencz:** Danmark i Aaret 1567. En fuggersk Agents Inberetninger. Meddelt af Knud Fabricius, in: Dankse Magazin. København 1916 | **S. 142:** Karel **Čapek:** Die Reise nach dem Norden. © Verlag Julius Kittls Nachfolger M.-Ostrau. O. O. 1938 | **S. 143:** Heinrich **Laube:** Drei Königstädte im Norden. 2. Band. Leipzig 1845; Michael **Frayn:** Kopenhagen. Stück in zwei Akten. Deutsch von Inge Greiffenhagen und Bettina von Leoprechting © Wallstein Verlag. Göttingen 2001; Per Olov **Enquist:** Der Besuch des Leibarztes. Aus dem Schwedischen von Wolfgang Butt © Carl Hanser Verlag. München 2001; Carsten **Jensen:** Rasmussens letzte Reise. Aus dem Dänischen von Ulrich Sonnenberg © Albrecht Knaus Verlag. München 2010; Johann Elias **Schlegl:** Werke. Bd. V. © Athenäum Verlag. Frankfurt am Main 1971 | **S. 144:** Willibald **Alexis:** Herbstreise durch Skandinavien. 1. Teil. Berlin 1828; Hans Christian **Andersen:** Das Feuerzeug, in: Andersens Märchen. In neuer Übersetzung von L. Tronier Funder © Gefion-Verlag. Kopenhagen, Berlin o. J.; Johannes Friedrich Ludwig **Hausmann:** Reise durch Skandinavien in den Jahren 1806 und 1807. 1. Teil. Göttingen 1811 | **S. 145:** Herman **Bang:** Stuck. Aus dem Dänischen übersetzt von Ingeborg und Aldo Keel © Manesse Verlag. Zürich 2005 | Jens Peter **Jacobsen:** Frau Marie Grubbe. Interieurs aus dem 17. Jahrhundert. Aus dem Dänischen von Mathilde Mann © Insel Verlag. Leipzig 1912 | **S. 146:** Ruth **Berlau:** Brechts Lai-Tu. Erinnerungen und Notate von Ruth Berlau. Herausgegeben und mit einem Nachwort von Hans Bunge © Hermann Luchterhand Verlag. Darmstadt und Neuwied 1985 | **S. 147:** Erich **Kästner:** Die verschwundene Miniatur, in: Kästner für Erwachsene. Ausgewählte Schriften Band Zwei © Atrium Verlag. Zürich 1983; Bertolt **Brecht:** Gemeinsame Erinnerung, in: Gesammelte Werke in acht Bänden. Band IV: Gedichte © Suhrkamp Verlag. Frankfurt am Main 1967; Søren **Kierkegaard:** Tagebuch des Verführers. Aus dem Dänischen von Helene Ritzerfeld. © Insel Verlag. Frankfurt am Main 1983; Hans Christian **Andersen:** Märchen meines Lebens, mit einem Nachwort von Johan de Mylius © Insel-Verlag, Frankfurt 2004 | **S. 148:** Hans Christian **Andersen:** Der Dichter und die Welt. Briefe von Hans Christian Andersen © Gustav Kiepenheuer Verlag. Weimar 1917; Johann Kaspar **Lavater:** Johan Caspar Lavaters Rejse til Denmark 1793. København 1898, zitiert nach: Reise Textbuch Kopenhagen. Ein literarischer Begleiter auf den Wegen durch die Stadt. Herausgegeben von Bernd-Rüdiger Schwesig © Deutscher Taschenbuch Verlag. München 1989; Franz Xaver Wolfgang **Mozart:** Reisetagebuch 1819–1821. Herausgegeben und kommentiert von Rudolph Angermüller © Verlag K. H. Bock. Bad Honnef 1994; Tania **Blixen:** Das Traumkind, in: Die Träumer und andere seltsame Erzählungen. Aus dem Englischen von Rudolf von Scholtz und W. E. Süskind © Deutsche Verlags-Anstalt. München 1956 | **S. 149:** Rosa **Luxemburg:** Gesammelte Briefe, Band 3 © Dietz Verlag. Berlin 1982 | **S. 150:** Hans Christian **Andersen:** Die Galoschen des Glücks, in: Märchen. Aus dem Dänischen von Eva-Maria Blühm © Insel Verlag. Frankfurt am Main 1975; Henrik **Pontoppidan:** Hans im Glück. Aus dem Dänischen von Mathilde Mann © Insel Verlag. Leipzig 1906 | **S. 151:** Herman **Bang:** Das Frühjahr ist die beste Zeit der ›Langelinie‹. Übersetzung: Gisela Perlet, in: Ausgewählte Werke in drei Bänden. © VEB Hinstorff Verlag. Rostock 1982 | **S. 152:** Hans Christian **Andersen:** Die kleine Seejungfrau, in: Sämmtliche Märchen © Verlag von B. G. Teubner. Leipzig 1850 | **S. 153:** Jean **Paul:** Der Komet oder Nikolaus Marggraf. Eine komische Geschichte. 3 Bände © Georg Reimer. Berlin 1820–22; Paul **Verne:** Von Rotterdam nach Kopenhagen an Bord der Dampfyacht »Saint Michel«, in: Jules Verne, Paul Verne: Die Schule Der Robinsons. Von Rotterdam Nach Kopenhagen © Zweitausendeins. Frankfurt am Main 1984 | **S. 154:** Egon Erwin **Kisch:** Totenfeier in Kopenhagen, aus: Der rasende Reporter, in: Gesammelte Werke, Band 5 © Aufbau Verlag. Berlin und Weimar 1978; Friedrich **Hebbel:** Briefe. 2. Band 1839–1843. © B. Behrs Verlag. Berlin 1905; Søren **Kierkegaard:** Tagebuch des Verführers. Aus dem Dänischen von Helene Ritzerfeld. © Insel Verlag. Frankfurt am Main 1983; Hans Christian **Andersen:** Sein oder nicht sein. L. Wiedemann Verlag. Leipzig o. J. | **S. 155:** Theodor **Fontane:** Unwiederbringlich © Aufbau Verlag. Berlin/Weimar 1974 | **S. 156:** Erich **Kästner:** Die verschwundene Miniatur, in: Kästner für Erwachsene. Ausgewählte Schriften Band Zwei © Atrium Verlag. Zürich 1983 | **S. 157:** Joachim **Ringelnatz:** Ab Kopenhagen, in: Sämtliche Gedichte © Diogenes Verlag AG. Zürich 1994; Kurt **Tucholsky:** Tage in Kopenhagen, in: Gesamtausgabe, Band 9: Texte 1927. Herausgegeben von Gisela Enzmann-Kraiker, Ute Maack, Renke Siems © Rowohlt Verlag GmbH. Reinbek bei Hamburg 1998

Bilder in ihrer Abfolge:
Cover: Rainer Groothuis | **Vorsatz:** ullstein bild/Friedrich Seidenstuec | **S. 2–5:** Rainer Groothuis | **S. 7–11, 13–15:** Rainer Groothuis | **S. 16:** ullstein bild/Meller Marcovicz, München, Mitglieder einer Kommune 1969 | **S. 23:** Flemming Gernyx | **S. 24, 25:** picture-alliance/dpa | **S. 27:** Barth/laif | **S. 28:** (v. l. n. r.) picture-alliance/dpa/dpaweb, picture-alliance/dpa | **S. 29:** picture-alliance/dpa | **S. 30:** Barth/laif | **S. 32:** ullstein bild/Lebrecht Music & Arts Photo Library | **S. 34:** (l.) getty images/JP Jazz Archive/Kontributor, (r.) ullstein bild/Lebrecht Music & Arts Photo Library | **S. 35:** ullstein bild/Lebrecht Music & Arts Photo Library | **S. 36:** ullstein bild/Binder | **S. 37:** ullstein bild/Lebrecht Music & Arts Photo Library | **S. 39:** akg-images | **S. 40:** (o.) akg-images, (u.) picture-alliance/dpa | **S. 41:** ullstein bild/ADN-Bildarchiv | **S. 42:** (l., m.) akg-images, (r.) picture-alliance/dpa | **S. 43:** picture-alliance/dpa | **S. 44:** (l. o.) picture-alliance/dpa, (r. o.) ullstein bild/dpa, (l. u.) Markus Kirchgessner | **S. 50:** Eco Images/Universal Images Group | **S. 55:** Heike Ollertz | **S. 56:** getty images/Magnus Ragnvid | **S. 58:** getty images/Paul Spierenburg/laif | **S. 59:** (l. o.) ullstein bild/Imagebroker.net, (r. o.) getty images/Creativ Studio Heinemann, (l. u.) getty images/HK 2046 Photography, (l. u.) ullstein bild/CHROMORANGE | **S. 60:** Rainer Groothuis | **S. 61:** Popperfoto/Getty Images | **S. 62:** ullstein bild/TopFoto | **S. 64:** (l.) ullstein bild/Roger Viollet, (r.) ullstein bild/ullstein bild | **S. 65:** ullstein bild/Roger Viollet | **S. 66:** Rainer Groothuis | **S. 69, 70:** Rainer Groothuis | **S. 70, 71, 73, 74:** Krass Clement | **S. 76:** AFP/Getty Images | **S. 78:** akg/Imagno | **S. 79:** (v. l. n. r) picture-alliance/dpa | **S. 80:** Pool BENAINOUS/DUCLOS/TRAVERS/laif | **S. 81:** (l.) picture-alliance/dpa, (r.) Rainer Groothuis | **S. 82–95:** Helmer Lund-Hansen | **S. 96, 97, 100:** Kristian Jon Larsen/Nordatlantens Brygge | **S. 102:** Rainer Groothuis | **S. 105:** ullstein bild/Keystone | **S. 106:** picture-alliance/dpa | **S. 107:** akg-images | **S. 108:** picture-alliance/dpa | **S. 109:** getty-images/Philip Menke | **S. 110:** picture alliance/POLFOTO | **S. 111:** (l. o.) Buessemeier/laif, (r. o.) Glaescher/laif, (r. u.) Gunther Glücklich | **S. 112, 113:** AFP/Getty Images | **S. 114:** Getty Images/WireImage | **S. 116, 117:** Colin Monteath/Hedgehog House | **S. 118:** picture-alliance/dpa | **S. 123:** ullstein bild/united archives | **S. 117:** ullstein bild/B. Friedrich | **S. 128:** Elmar Jung | **S. 129:** Rainer Groothuis | **S. 131:** ullstein bild/Archiv Gerstenberg | **S. 132, 133:** getty-images/Ursula Alter | **S. 134:** laif | **S. 137:** ullstein bild/AISA | **S. 139:** Rainer Groothuis | **S. 141:** picture alliance/Arco Images GmbH | **S. 142:** picture-alliance/IMAGNO/Austrian Archives (S) | **S. 144, 145:** picture-alliance/akg-images | **S. 146:** Rainer Groothuis | **S. 149:** picture-alliance/dpa | **S. 150, 151:** getty-images/Jeremy Woodhouse | **S. 153, 155:** Rainer Groothuis | **S. 156:** ullstein bild/Piel | **S. 157:** fotolia/silencefoto | **S. 158:** Rainer Groothuis | **Nachsatz:** Rainer Groothuis | **U4:** Rainer Groothuis

Sämtliche Rechte liegen bei den im Quellenverzeichnis genannten Autoren und Verlagen. Wir haben uns bemüht, sämtliche Urheberrechtsfragen zu klären. Sollte dennoch ein Inhaber eines Urheberrechts unberücksichtigt geblieben sein, bitten wir um Kontaktaufnahme. Der Verlag bedankt sich bei allen Beteiligten für die unkomplizierte Zusammenarbeit.

Die im *Journal* angegebenen Jahreszahlen beziehen sich auf das Ersterscheinen in der Originalsprache, im Quellenverzeichnis wird die zitierte Ausgabe aufgeführt. Die Orthographie der jeweiligen Ausgaben wurde beibehalten, nur offensichtliche Satzfehler wurden korrigiert.

Mehr über Ideen, Autoren und Programm des Verlags finden Sie auf www.corso-willkommen.de
und in Ihrer Buchhandlung.

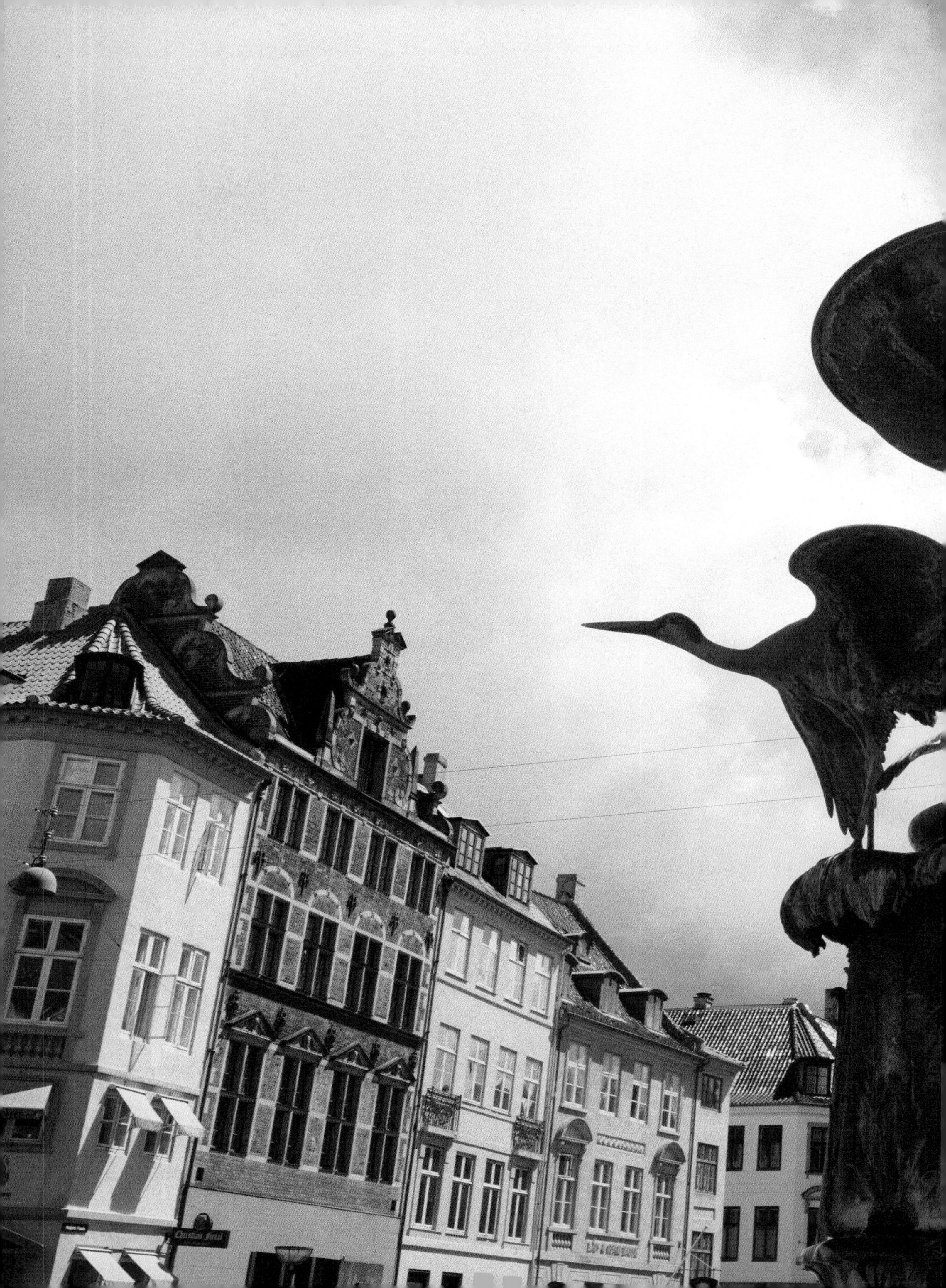
Christian Firtal